LA REVOLUCIÓN
del AMOR PROPIO
by SOYCURVY

LA REVOLUCIÓN
del AMOR PROPIO
by SOYCURVY

Eᴅɪᴛᴏʀɪᴀʟ Aʀᴄᴏᴘʀᴇss • Esᴛɪʟᴏ ᴅᴇ ᴠɪᴅᴀ
Edición: Ana Belén Valverde Elices
Diseño de cubierta: Teresa Sánchez-Ocaña
Fotos de cubierta: Carol Peña
Fotos de interior: Ana Pizarro y Lidia Juvanteny
Maquetación: Fernando de Miguel

Imprime: Gʀáꜰɪᴄᴀs Lᴀ Pᴀᴢ
ISBN: 978-84-18648-32-8
Depósito Legal: CO 105-2022
Hecho e impreso en España - *Made and printed in Spain*

Para ti, valiente,
que sabes que el amor propio
dejará atrás el miedo.

Índice

¡Bienvenida a nuestra pequeña gran revolución!

Este libro que tienes ante ti es un viaje hacia tu liberación personal. En estas páginas hemos intentado plasmar todas las herramientas y experiencias que nos han ayudado en nuestro camino hacia el amor propio.

No somos terapeutas o psicólogas, sino dos mujeres que, tras bastante sufrimiento, dijeron basta al dolor porque sabían que tenía que existir otra forma de vivir. Por eso, deseamos compartir contigo ese camino que nos ha llevado a vivir, más o menos en paz, dejando de pelearnos con nuestros propios cuerpos.

Queremos que este libro sea una combinación de dos cosas que nos habrían ayudado mucho cuando teníamos 15 o 16 años:

— Experiencias de personas que ya han pasado por lo que tú estás viviendo.

— Las herramientas que utilizaron para mejorar.

Te proponemos que intentes probarlas todas y te quedes con aquellas que te puedan ayudar, las uses el tiempo que necesites y las explores hasta donde te sean de utilidad.

Tómate estas páginas como un primer paso hacia una senda de amor propio y descubrimiento para el resto de tu vida, un camino lleno de amor, compasión y autoaceptación. Un camino que te llevará a conocerte y comprender que eres perfecta tal cual eres, donde la vida es tan bonita que merece ser disfrutada. Porque toda la energía que gastas en odiarte, criticar y poner piedras en tu camino puede llevarte a grandes lugares que no creíste poder conocer, te lo aseguramos.

Estas páginas que hemos escrito para ti no son más que nuestra experiencia y nuestras herramientas. Es solo el primer paso hacia tu propio camino, tus propias experiencias y tus herramientas. Es un paso adelante que te llevará hacia una nueva dimensión donde odiar tu cuerpo no será la norma.

Pero debes saber que tu camino puede ser parecido al nuestro o totalmente distinto. Lo que te pedimos es que nos leas con una actitud abierta: quédate con lo que te sirva y no hagas mucho caso a lo demás. Vuelve a este libro siempre que lo necesites y descubrirás, o eso esperamos, que en función de tu momento vital te quedarás con unas herramientas u otras.

Y es que este tema es muy importante: **es tu vida y es tu camino**. Nadie puede trazarlo por ti y si hay un objetivo en estas páginas que hemos escrito para ti es que te hagas **dueña de tu destino y entiendas que tu vida es tuya y nada más que tuya**. Eres la heroína de tu propia historia, a partir de aquí no vas a necesitar ni príncipes ni princesas que te salven.

Nos gustaría que te dieras cuenta, además, de que **ya eres suficiente**. Ya eres perfecta tal cual eres, no necesitas ni ser más delgada, elegante, callada (inserta aquí todos esos «deberías» que te persiguen) para ser perfecta porque ya lo eres.

Del mismo modo: también eres merecedora de amor. Mereces que el mundo te trate con respeto y que los demás te permitan existir. Y nos gustaría que aprendieras a establecer límites para con los demás de forma que disfrutes de una vida llena de paz y amor (propio y ajeno).

Soñamos con un mundo donde todas las mujeres sean felices y acepten sus cuerpos tal cual son. Eso no quiere decir que no quieran mejorar, evolucionar o desarrollarse, no tiene nada que ver. Creemos que si a todas, desde que somos unas dulces niñas, se nos enseñara que nuestros cuerpos son una obra de arte y que no hay malos o buenos cuerpos, todas seríamos muchísimo más felices.

¿Te imaginas vivir una realidad donde no tengas que odiar tu cuerpo o tu proceder? ¿Te imaginas sentirte completa tal cual eres?

Esta es la verdadera revolución a la que te invitamos a acompañarnos: un espacio donde todas nos amemos tal como somos y utilicemos nuestra energía en cambiar y mejorar el mundo. Porque, si todas y cada una de nosotras decidimos amarnos tal cual somos hoy y terminar nuestro auto bombardeo personal, con toda esa energía extra podremos realizar grandes cambios a nivel personal y colectivo.

Y es que si nos acompañas en este camino no te prometemos una píldora mágica que consiga la liberación total (porque eso, querida, va a ser algo que solo tú vas a conseguir), pero sí podemos asegurarte que vas a ser mucho más libre. Libre de la mirada ajena, de la opinión del otro y del dolor que tu cuerpo o tu forma de ser te han generado.

Ojalá te ayudemos a entender que eres una DIOSA llena de poder y de amor. Que puedes decidir hoy mismo dejar de sufrir por todo aquello que te generaba tanto dolor para empezar a disfrutar de este baile que es la vida.

Y para gestar esa pequeña gran revolución de la que te hablamos primero queremos compartir contigo nuestra historia de amor propio —de manera individual y después en común, con nuestro proyecto como protagonista—, para más tarde pasar a nuestro plan revolucionario: doce semanas que van a cambiar tu vida.

Hemos estructurado este libro como un plan para ir enfrentando todas esas cosas que nos hubiera gustado afrontar siendo más jóvenes. Es algo así como ofreceros un Tesla en lugar de tener que viajar en un SEAT 600 por la carretera hacia vuestro amor propio.

Un programa acelerado donde tratamos temas como priorizarse, liberarse de las etiquetas, la conexión con tu cuerpo, la «gordofobia», el amor, la moda o la relación con tu pasado. Un compendio de experiencias personales y herramientas que nos han resultado útiles.

Como somos dos personas muy distintas con diferentes visiones y caminos, nos hemos dividido los capítulos para compartir contigo nuestras historias personales. Así que, antes de cada capítulo, podrás ver quién ha escrito cada uno de ellos.

Esperamos que disfrutes de este viaje junto a nosotras. Te animamos a compartirlo a través de las redes sociales, siguiendo a @soycurvy.

No dudes en enviarnos un mensaje o dejarnos un comentario. Allí hemos construido una maravillosa comunidad que crece unida día a día y estaremos encantadas de acogerte. Además, siempre que podemos, nos gusta reunirnos para desayunar juntas en un #curvyuno donde compartimos experiencias, risas y momentos juntas.

Te invitamos a formar parte de la historia de amor que revolucionará tu mundo como jamás otra lo ha hecho: una historia de amor contigo misma.

Una historia de amor (propio)

Cómo llegamos a sentirnos bien con nosotras mismas

Una historia de amor propio (Lidia)

Yo no sería capaz de señalar el momento en el que la percepción de mi cuerpo dejó de estar relacionada con mi valía como persona. Creo que ha sido un camino que empecé de adolescente porque no estaba conforme con cómo me sentía.

Nací en un pueblo muy pequeño, de unos cinco mil habitantes más o menos, mi familia es humilde, clase media baja, trabajadora, mi padre se dedicaba a la construcción y mi madre, junto a mi tía y mi abuela, siempre se ha dedicado a coser. Os cuento estas cosas porque hay mucho de lo que somos que se debe a nuestra historia.

Siempre fui una niña traviesa, algo artística desde bien pequeña e inquieta. La moda siempre me ha llamado la atención, estoy segura de que es porque mi familia se dedicaba a ello. Al fin y al cabo eres una mezcla de todas las cosas que ves en casa.

Supongo que mi historia de amor con la moda empezó el día que me compraron un traje de gitana para ir a la feria o para disfrazarme, la verdad es que no lo recuerdo, incluso puede que fuera un regalo de mi familia por parte de madre, que son de Jaén... El traje era negro con topos rosas, venía con unos pendientes de plástico y unos zapatos de tacón. Disfrazarme me hacía reír, me parecía divertido, me sentía bonita y graciosa.

Pero todo esto cambió cuando me vino la regla, y pasó muy pronto, me parece que fue a los nueve años si no recuerdo mal. Mi cuerpo cambió de forma exponencial y de repente, además de tener unas reglas que me dolían horrores, tenía un tamaño al que no estaba acostumbrada.

Y de la noche a la mañana me encontré prepúber, en el instituto, con un cuerpo que no reconocía y además tenía una tribu de chicos en clase que no hacían más que meterse conmigo. Por suerte, os diré, no tenía muchísimas amigas, pero tenía tres o cuatro bastante buenas, de esas con las que sientes que eres uña y carne. De las que hacen que todo lo malo te pese mucho menos. Una de ellas tampoco era normativa y eso también me ayudó, el sentirme dentro de una tribu que me aceptaba con mis rarezas hizo todo lo demás mucho más soportable.

Al terminar el instituto decidí irme a estudiar bachiller a uno que diese la modalidad artística; por entonces no tenía claro qué quería, pero plástica era mi asignatura favorita, así que aposté por el arte. Irme a estudiar a otro pueblo fue liberador, en cierta forma me daba la oportunidad de reinventarme a mí misma a la vez que salía de mi cascarón y conocía a otras personas. Me sentí mucho más libre de ser yo misma tanto a la hora de vestirme como de ser, la verdad es que el cambio me hizo bien. Pero entonces llegó el divorcio de mis padres para cargarse lo que era una existencia adolescente sosegada.

Los divorcios afectan muchísimo a los hijos, no deja de ser una pérdida, en mi caso se complicó porque hubo mucha discusión previa y posterior. Además, nos hicieron elegir con quién nos queríamos ir a vivir... Mi padre tenía esquizofrenia no diagnosticada y, como no quería que se quedase solo, me fui con él... Un percal, vamos.

Ojalá nos hubieran llevado al psicólogo, tendría unos 17 o 18 años, pero fue la época más oscura de mi vida. Dejé a mi novio y mis estudios, no conseguía centrarme en nada, así que me puse a buscar trabajo a tiempo completo. Y enseguida vi que iba a estar mucho mejor lejos de mis padres, de ambos, que estaban muy perdidos en esa época y no se encargaban en absoluto de nuestras necesidades (las de mi hermana y las mías). El cerebro es muy sabio, y de aquellos tiempos tengo solo fogonazos, no sé si está enterrado, pero no recuerdo demasiado.

Así que me marché a Barcelona y me hizo mucho bien porque expandió mi horizonte en cuanto a mis posibilidades. Me ofreció experiencias que vivir, conocer gente, es una ciudad que al principio parece infinita, como si nunca te la fueras a acabar, y ese sentimiento te engulle un poco. También es cierto que me fui en un estado mental muy inestable y no me ayudó estar sola en un lugar nuevo, siempre me ha quedado la sensación de no tener un hogar al que volver. Por ejemplo, he tenido muchos problemas con el dinero, porque, en cierto sentido, le otorgo el papel de red de seguridad, de plan B. Así que es importantísimo para mí tener buena salud financiera, pero obviamente durante muchos años pagando estudios y con trabajos a media jornada lo de ahorrar era imposible. Por eso durante mucho tiempo me he sentido tremendamente inestable.

Ya estoy mejor, gracias a la pandemia entendí que en realidad necesitaba muy poco para ser feliz, empecé a priorizar las cosas que me inquietaban y he aprendido a ahorrar, para tener ese plan B cubierto.

Soy de esas personas que aprende a base de golpes. La familia de uno de mis exnovios es en gran parte responsable de que yo sea una mujer segura de mí misma hoy en día y siempre les estaré agradecida. Conocí a ese chico por Internet (no había Tinder, pero creo que fue por Myspace, yo he usado redes sociales desde los tiempos del IRC hispano...), nos enamoramos y su familia decidió que no entendía cómo a su hijo delgado normativo podía gustarle una gorda con tatuajes, piercings y encima que no se escondía con la ropa, sino que se vestía como le daba la gana. Nos lo hicieron pasar fatal como pareja, cuando nos veíamos le llamaban para que acudiese a las comidas familiares en vez de pasar tiempo conmigo. Y cuando mi expareja estaba con ellos, no dejaban de criticarme por mi talla. Fue bastante duro, pero me hizo afianzar más mi amor propio en vez de disminuirlo. Nos hicimos fuertes ambos y al final su familia me aceptó, claro no les quedó otra. Pero nunca dejaron de comentar mi aspecto, si estaba haciendo dieta, si debería probar esta otra. Y reconozco que en algún momento de debilidad caí en la trampa y probé algunas dietas. Pero en algunas de las conversaciones que tenían entre ellos y según los fui conociendo, me di cuenta de que lo que les sucedía es que no estaban conformes con su cuerpo y me lo trasladaban a mí. Especialmente su hermana y su madre, que para mí tenían cuerpos totalmente normativos, eran altas y delgadas.

En ese punto, después de luchar tanto por ser «aceptada», me dije que tenía que parar. No hacían más que centrar en mí sus inseguridades y yo ya me gustaba tal y como era. Llevaba tantos años siendo gorda que no tenía que luchar por mirarme al espejo, había aceptado mi cuerpo, mi forma de vestir y todo lo que era mi apariencia, aunque aún me quedaba mucho que aprender.

Creo que este fue el momento en el que comencé a dar un paso adelante en mi historia de amor propio. Además de aceptarme, empecé a trabajar en quererme bien. La moda tuvo un papel bastante importante, encontré algunas tiendas en las que comprar ropa moderna que me hacía sentir bonita, lo que se tradujo en ir ganando gradualmente en seguridad. Dejé de obsesionarme por lo que comía porque me creaba mucha ansiedad, y dejé algunos hábitos atrás como pesarme semanalmente para ver que no engordaba. En definitiva, empecé a priorizar mi salud mental y mi autoestima por encima del qué dirán. Pienso que este es un camino constante que nunca voy a dar por terminado, quiero que entendáis que también tengo días malos en los que afloran mis inseguridades y que me parece totalmente normal. Mi cuerpo va a ir cambiando a lo largo de mi vida y es mi trabajo que mi autoestima no dependa de cómo se vea este, que no dependa de la superficialidad de un cuerpo ni de un trabajo o una cuenta en el banco.

Somos mucho más que todo eso que la sociedad nos dice que debemos ser para encajar en un estándar que nos oprime.

Chicas, sois mucho más que una talla, un saldo en la cuenta bancaria, un trabajo... Somos complejas, reales, perfectas tal cual somos y no deberíamos olvidarlo jamás.

Una historia de amor propio (Raquel)

Os tengo que confesar que mi historia siempre ha sido una historia de amor. Como todas las historias ha tenido épocas mejores o peores, pero considero que en el fondo he tenido suerte porque siempre he tenido muchísima autoestima y amor propio. Es algo como que venía de serie, algo que me hacía pensar, «Raquelita, que vales un montón» y, aunque he tenido épocas en las que me ha costado mucho más verlo, siempre he sentido una gran estima por mi persona.

Mi madre dice que empecé a engordar cuando tenía 9 años, por eso yo no recuerdo estar delgada jamás. Creo que siempre me he reconocido como una persona gorda, ha formado parte de mi identidad, para lo bueno y para lo malo, toda mi vida.

Pero es curioso porque si bien no tengo recuerdo de estar delgada o tener un cuerpo más «normal», tampoco tengo grandes recuerdos asociados, hasta que llegó la adolescencia, al dolor que me podía producir estar gorda. Para mí estar gorda antes de convertirme en adolescente no fue nada más que algo que era.

También es cierto que mi mayor miedo personal no era ser la GORDA, sino la RARA. Desde muy pequeña empecé a destacar por ser un ser humano muy curioso que pensaba de una forma algo fuera de los estándares: una niña pegada a un libro que hacía preguntas que resultaban incómodas a todo el mundo. Así que eso de estar o no gorda simplemente era un añadido al «no ser normal» que me ha perseguido toda la vida.

Pero llegó ese momento en el que deseas encajar a toda costa y empiezas a formar tu identidad como ser humano, independiente, y ser gorda se convirtió en una carga muy pesada de llevar (nunca mejor dicho). Así que el peso y todo lo que traía consigo cobraron protagonismo en mi historia y consiguieron, de cierta manera, un papel protagonista en las «cosas a arreglar» de mi vida.

Recuerdo dormirme pensando en cómo a la mañana siguiente me despertaría delgada. O, peor aún —ahora que lo veo desde mi yo adulto me abrazo a mí misma fuerte—, soñar con tener una enfermedad extraña en la que mi cuerpo rechazara toda la grasa y en unas semanas de superarla quedarme superdelgada. Como veis, ser delgada se convirtió en uno de mis objetivos vitales.

Recuerdo perfectamente el momento en que abandoné la idea de «solucionar» mi problema adelgazando y abracé la idea de que debía empezar a quererme más tal y como era.

Un día que comí más de lo que «debía» (no recuerdo si en aquel momento estaba a dieta o simplemente restringía calorías) —yo siempre he sido una niña que tenía hambre y como la tenía, comía—, acabé delante de la taza del váter dispuesta a vomitar. Un hada madrina, un ángel de la guarda o algo me frenó en seco en ese momento y, en lugar de hacerlo, caí en la cuenta de que algo no iba bien. La verdad es que no sé por qué no lo hice, pero sí recuerdo pensar «esto no va a solucionar nada», y darme cuenta en ese mismo instante de que algo tenía que cambiar sobre cómo me estaba relacionando con la comida.

Hoy, gracias al proyecto de @soycurvy, me relaciono con muchas compañeras y amigas que han sufrido TCA (Trastornos de la Conducta Alimentaria) y cada vez que me relatan sus historias yo recuerdo ese día como si fuera hoy mismo. Para mí fue como un clic, el despertar.

A partir de ese momento decidí reconciliarme con mi cuerpo y recuperar ese sentir interno en torno a la idea de que era perfecta simplemente por existir. No os voy a engañar, todavía haría algunas dietas, viviría con restricciones de esas cosas que «no se debían» comer y me pelearía con la comida algunas veces, pero mi perspectiva cambió totalmente ese día.

Si me pidieran que buscara ese momento de epifanía total en el que me di cuenta de que el amor propio era el camino, creo que sería ese día. Fue un poco esto de caer tan bajo, con tanto dolor, con tanta necesidad de ser otra que me di cuenta de que por ahí no era. Por eso digo que tengo un hada madrina muy maja que me salvó porque, sinceramente, no sé cuáles fueron las razones que me llevaron a actuar así.

A partir de ahí mi vida con relación a mi cuerpo fue un lento pero constante avance hacia un lugar donde te amas tal cual eres. No os voy a engañar, el nivel de autoconfianza y amor propio del que gozo ahora no se construyó en unos meses ni en unos años. Es un proceso de desprenderse de todos los deberes e imposiciones ajenas para abrazarte tal cual eres.

Para mí el proceso de amor propio no es más que un proceso de autodescubrimiento, es volver a ser esa niña regordeta que amaba cada parte de sí misma porque le estaba ayudando a redescubrir el mundo. Es enamorarte de quien eres tal y como eres, sin esperar nada más que el maravilloso cuerpo que ya posees.

Para ello he utilizado miles de herramientas. Desde mi adolescencia soy una ávida lectora de áreas como la psicología, filosofía y temas de salud. Supongo que, simplemente, buscaba herramientas que me ayudaran a salir adelante. En general, me obsesiono con facilidad con las cosas que me fascinan. Así que he tenido épocas en las que la medicina china, el estoicismo, la microbiota, el espacio, el movimiento, etc., se adueñaron de mi vida durante unos meses y no paré hasta haber leído todo lo que caía en mis manos sobre ese asunto. Supongo que todas esas lecturas se verán reflejadas en estas páginas.

Así que el amor propio ha ido construyéndose, para mí, con miles de herramientas y muchas horas de autoexploración. Si algo he aprendido a lo largo de todos estos años es que no hay nada más poderoso que reconocer aquello que te da miedo ver. Reconocer que tienes miedos, que no aceptas partes de tu cuerpo o de tu vida, que algo te hace daño y desde ahí trabajar para aceptarlo o trascenderlo.

Porque, amigas mías, este camino no es un camino fácil. Igual que no existen esas fórmulas mágicas con las que yo soñaba de pequeña, esas en las que un día me levanto delgada, no se puede desaprender todo aquello a lo que tantos años te has aferrado y cambiar la forma en la que te relacionas desde el dolor con tu cuerpo sin sufrir un poquito. Pero es como cuando vas al gimnasio: las agujetas al principio solo duelen; cuando empiezas a hacer callo y te das cuenta de que son parte del camino hacia una buena forma física, dejan de ser algo molesto: ¡son solo parte del proceso!

Pues más o menos así veo yo esto del amor propio. Además, no creo que exista un final en este camino de autodescubrimiento. No opino que una se pueda llegar a amar lo máximo, no existe ese máximo. Siempre hay nuevas cosas que encontrar y solucionar, algo que pulir, desarrollarse y avanzar. Cosas que vas a poder mejorar, cosas que no te hacen bien y vas perfeccionando.

Lo que sí os aseguro es que se puede vivir sin sufrimiento, en paz (al menos el 80 % del tiempo, que la vida sigue estando ahí y, a veces, te da muchos quebraderos de cabeza). Si te atreves a embarcarte en este apasionante viaje llegará un día en que cosas como mirarte al espejo, hablar de tu cuerpo o de tu persona no te generarán dolor. El amor propio es un camino de autoaceptación y abrazo a ti misma. Es convertirte en la heroína de tu propia vida, es un camino hacia tu autosalvación y la generación de la vida que deseas.

Porque, amigas, os aseguro que una vez que te das cuenta de que puedes decidir vivir desde el amor, hacia tu persona y tu cuerpo, la vida empieza a tener colores, matices y a ser un paraje amable donde habitar. Un lugar lleno de luces y un baile donde disfrutar.

Nuestra historia de AMOR

Este libro que tienes entre las manos es el reflejo de un proyecto en el que llevamos trabajando desde 2012. Han sido muchas horas de esfuerzo, cariño y activismo puestas a disposición de las mujeres valientes que quieren cambiar el mundo.

El proyecto nació al sentir que teníamos mucho que decir y no nos sentíamos representadas. En 2008, unos años antes, Raquel creó @doublecloth, un blog donde hablaba de moda y las cosas que le gustaban, con tanta suerte que se convirtió en una de las primeras *influencers* de este país: desfiles, fiestas, viajes de prensa… ¡Un sueño hecho realidad!

Por aquel entonces todavía no existían los *egobloggers* y un bloguero era una especie de periodista *amateur*, alguien que daba su opinión, pero no se exponía. Pero apareció Instagram y todo cambió. Así que los blogueros pasaron a ser personas que contaban su vida y enseñaban sus *looks* y, ¡adivina!, no había ni uno solo que tuviera talla grande.

Un día una conocida revista de moda publicó un especial sobre tallas grandes… ¡todo un nuevo número dedicado a nosotras!, pero cometió el error de no publicar ni una sola foto donde las modelos estuvieran vestidas. Así que Raquel publicó un artículo en su blog, que por aquel entonces tenía bastantes lectores, hablando de este tema y de cómo necesitábamos que alguien hablase de verdad de la moda de talla grande.

Y nació **soycurvy** porque nadie va a hablar mejor de nosotras que nosotras mismas. Nació como un lugar donde entrevistar a gente con estilo, más tarde empezó a tener colaboradores (desde aquí, gracias a todos los que formasteis parte del proyecto en su momento) y una de ellas fue Lidia. Cuando la cosa se fue configurando más, pensamos que sería genial poder llevar el proyecto juntas.

Así que nuestra amistad empezó gracias a este proyecto y desde entonces no nos hemos vuelto a separar.

Si no conoces @soycurvy nosotras nos definimos como activistas del amor propio porque, si bien es verdad que al principio únicamente enseñábamos nuestros *looks* y hablábamos exclusivamente de ropa, con el paso del tiempo hemos ido convirtiendo este proyecto en activismo.

El objetivo del proyecto es conseguir que seas feliz, vivas en paz y puedas hacer lo que te dé la gana en la vida. Ayudar a las mujeres (y a los hombres) a entender que tu cuerpo no puede ser un impedimento para disfrutar del baile que es la vida.

Creemos fervientemente en un mundo donde el amor propio gana siempre al miedo que nos inculca la sociedad y nos lleva a sentir que no somos suficientes las 24 horas del día. Sabemos que lo que proponemos es una revolución porque juntas podemos cambiar el mundo. ¿Te imaginas un mundo lleno de mujeres que se aman tal y como son? ¿Te imaginas la cantidad de cosas que seríamos capaces de cambiar juntas? @soycurvy nació para hacerlo posible y tú, al leer este libro, ya estás formando parte de la revolución.

¿Te unes a la revolución?

Como has visto, nuestras historias son como las de cualquiera de vosotras. Una mezcla de vivencias personales, situaciones vitales y personas que nos han ido marcando.

Como ya os hemos advertido este libro es una especie de caja de herramientas llena de todos los recursos que nos han ayudado en nuestra vida. Hemos incluido, además, vivencias, anécdotas y situaciones vitales para explicaros nuestro punto de vista sobre todo aquello que, pensamos, nos ha ayudado a mejorar nuestra relación con nosotras mismas.

Queremos que nos acompañes en esta revolución que supone dejar atrás el dolor y decidir amarte tal cual eres. Aceptarte como un ser completo por el mero hecho de existir y optar por disfrutar de la gran aventura que es la vida.

Hemos dividido este libro en doce semanas porque sabemos que si dedicas tres meses de tu vida a invertirlos en ti, encontrarás tu personal camino hacia el amor propio.

Tres meses donde cada semana puedes dedicarla a una parcela de tu vida, ya te avisamos que no va a ser sencillo y que te hablaremos de cosas a las que no te querrás enfrentar. Pero, ante esto tienes varias opciones:

— Negar que es un nudo a deshacer.
— Aceptar que es algo que deberías solucionar, pero ahora no tienes energía o tiempo para ello.
— Ponerte manos a la obra.

Te recomendamos optar siempre por la segunda o tercera opción. Ha llegado el momento de responsabilizarte de tu propia vida y seguir negando que existen cosas a las que te tienes que enfrentar, cosas que te duelen, que llevas marcadas en tu piel y te impiden avanzar no es solución alguna. Pero tampoco tienes por qué ponerte la armadura y lidiar todas las batallas pendientes, simplemente elige tus luchas más urgentes y, poco a poco, vete solucionándolo todo.

Del mismo modo, puedes seguir el orden que te hemos propuesto o elegir el tuyo propio. Decidimos estructurarlo así porque es el programa que a nosotras nos hubiera ayudado seguir, pero si descubres que hay algunos capítulos que te llaman la atención más que otros, puedes estructurar tu propio programa.

Este es un libro de autoconocimiento porque **el amor propio no es más que ir quitando capas de las creencias que hemos ido atesorando durante toda nuestra vida (familiares y sociales) para descubrir quién somos realmente.**

Nos encantaría que este sea el primer día del resto de una vida donde el amor gane siempre al desprecio, el miedo y todo aquello que has sentido por tu persona durante tanto tiempo. Solo tú serás capaz de acabar con esas espirales de dolor y odio en las que te has visto inmersa durante demasiado tiempo.

Así que aquí elige una bonita libreta y un bolígrafo que te guste porque, querida, vamos a trabajar juntas durante doce semanas para revolucionar tu mundo.

¿Te apuntas?

Semana 1

Tú, primero, escúchate

Por Lidia

> *Amarse a uno mismo es el comienzo de un romance de por vida.*
> Oscar Wilde

Seguro que llevas mucho tiempo sin escucharte

En este capítulo voy a hablaros de prioridades. Para mí las prioridades no son más que el arte de desgranar qué es importante para ti.

Te propongo un primer ejercicio: hazte estas preguntas, apunta en un cuaderno o en una nota en el móvil la primera respuesta que te venga a la cabeza, déjala reposar y luego medita sobre si estás o no de acuerdo con lo que has anotado.

¿Qué te da tranquilidad? ¿Qué te hace feliz? ¿Qué necesitas?

Hacer listas me ayuda a desenredar todos esos conceptos hasta descubrir de dónde proceden y si son propios o ajenos. Digo lo de si son propios porque me he dado cuenta de que, a menudo, priorizamos complacer a nuestro círculo de allegados, que pueden ser amigos, familia, pareja, jefe, etc., por encima de nuestras necesidades. Y eso, amigas, es como un bálsamo en el que nos escudamos para no ahondar en lo que de verdad queremos o necesitamos.

Pensad, ¿cuál fue la última vez que os tomasteis unos minutos a solas? Me refiero a estar sin hacer nada. No me vale el momento de relax con Netflix o un libro en el sofá, ni el tiempo que le dediquemos al deporte, ni a nuestra rutina de belleza, cocinar, comer, etc. Pasamos mucho tiempo haciendo cosas sin prestar atención y el tiempo que dedicamos al ocio lo solemos llenar a base de series, libros y aficiones varias que nos hacen estar en un constante estado de «ocupación» que hace que acallemos muchas cosas. Desde sentimientos a necesidades a las que no queremos hacer frente.

Como me gusta predicar con el ejemplo y de verdad quiero que entendáis que esto es algo que nos pasa a TODAS, os voy a hacer una lista de cosas que pululan por mi cabeza en estos momentos con la que seguro os sentís identificadas. Y vamos a desenredarla juntas. Durante el confinamiento hice un curso de marca personal que me ha ayudado mucho a poner las cosas en perspectiva. «La gestión del tiempo», lo llaman, y es una maravilla; aprender diferentes técnicas para que las mil cosas pendientes que tienes que hacer no se hagan bola. Lo que me funciona a mí es, si tengo un proyecto, dividirlo en tareas pequeñas y ponerme tiempos para cada una de ellas. Hago listas de todo y voy tachando. ¿Os he dicho ya que las listas me ayudan? Esto es ahora mismo una pincelada de lo que corre por mi cabeza, de los «deberías» que tengo, que no son obligaciones porque no hay nadie apuntándome con una pistola, pero que para mí cuentan como cosas que tengo pendientes.

— Ponerme al día con mi familia, llamarles o ir a verles.
— Buscar tiempo para hacerme unos autorretratos.
— Quedar con algunas amigas.
— Pedir algunas citas médicas.
— Arreglar el grifo que pierde.
— Hacer la compra.

De todas estas tareas pendientes, ponerme al día con mi familia siempre me produce una serie de sentimientos encontrados a los que ahora me enfrento de forma distinta. Como ya os he contado, la mía es una familia desestructurada, me fui muy joven de casa a vivir a la ciudad porque en mi pueblo no era feliz. La mitad de mi familia vive en Madrid y la otra mitad sigue en mi pueblo. Subir al pueblo siempre me ha traído una serie de buenos y malos recuerdos tan entrelazados que hacen de mis visitas algo un poco agridulce.

Con algunos de esos recuerdos he hecho las paces, como con el hecho de recordar la última vez que vi a mi padre con vida en el café de la entrada del pueblo. Recuerdo lo bien que lo vi y todavía hoy me cuesta creer que no está. Cada vez que paseo por la riera de mi pueblo siento que quizá podría encontrarlo ahí tomando su café solo, mientras se fuma un cigarro. El paso del tiempo ayuda a apaciguar estos sentimientos, pero también he aprendido que si no los verbalizas, no existen. Que es bueno hablar de ellos para que nos duelan menos.

Con esto quiero deciros que durante una época de mi vida no me gustaba ir a ver a mi familia porque pisar mi pueblo no me hacía bien, pero tampoco sabía cómo explicarles lo que me pasaba.

Y es que creo que ahí es donde se crean conflictos, cuando no somos capaces de escucharnos y expresar, aunque duela, lo que sentimos. Como dice Gabriel García Márquez «lo que no se comunica no existe» y es una de las reflexiones que más me ha servido en la vida. ¿Cómo va a saber alguien lo que sientes o lo que te pasa si no lo expresas?

Mi familia va a servirnos mucho para este capítulo porque otra cosa que me hacen sentir, sin ellos saberlo, es culpa. Como la que se fue del pueblo fui yo, siempre me he sentido responsable de la relación y la frecuencia con la que nos vemos.

De hecho no fue hasta hace muy poco que decidí escucharme y hacer conmigo misma las paces mentales. Lo que me pasó fue que raramente tengo dos días libres seguidos y me dije, «Venga ve a verles, que ellos también están de vacaciones». Y para allá que me fui, aunque en realidad lo que me apetecía era quedarme en casa porque estaba cansadísima. Allí no tengo dónde quedarme a pasar la noche, así que me toca el sofá o compartir cama con alguna amiga. ¡Que no es un drama, eh! Pero no me siento igual que estando en mi casa, con mis cosas y en mi espacio; ya sabéis, manías que una tiene. Total, que el primer día fue genial, pero el segundo me comunicaron que se iban a ir a pasar el día fuera y que, como no éramos grupo burbuja, no podía ir con ellos, que «chao, pescao».

Al principio me enfadé, pero luego ahondé en mi cabreo y me di cuenta de que lo que me pasaba es que yo había decidido dedicarles dos días y a mi familia con un ratito le bastaba. En ese punto entendí que las relaciones, sean cuales sean las circunstancias, son cosa de dos. En ningún caso yo tengo la responsabilidad de hacer que una relación funcione, que son ambas partes las que, si quieren, tienen que poner de su parte y regar la relación para que florezca.

Mi resumen de esta epifanía es que el mismo camino hay del pueblo a la ciudad que de la ciudad al pueblo. Y yo puedo contar con los dedos de una mano las veces que han venido a verme. Así que fuera culpas, voy a ir cuando me dé la gana. Y sobre todo voy por mí, ¡no porque me sienta culpable por no verlos tanto como debería! Sin sentir culpa por vivir en la ciudad y hacer mi vida, porque ellos tienen también la suya y está genial que así sea.

Esta situación resume perfectamente lo que quiero que entendáis en este capítulo, escucharte es hacerse preguntas constantemente. ¿Esta situación te hace feliz? ¿Te entristece? ¿Por qué te sientes de esta manera? ¿Qué puedes hacer para cambiar esto?

Vuelvo a preguntar, ¿cuándo fue la última vez que estuvisteis con vosotras mismas? Sin distracciones, escuchando esa voz interior a la que yo llamo intuición, que siempre anda recordándote cosas.

Mi última vez fue en Aveiro, después de un paseo larguísimo por sus maravillosas dunas tratando de alcanzar un faro al que nunca llegábamos. Decidimos, después de un parón, ver el atardecer desde las dunas; estaba con una amiga, pero ambas hicimos el pacto, sin tener que decirlo, de tomarnos ese momento para estar con nosotras mismas. El mar tiene ese efecto en mí, parecido a lo que experimenta la gente con la meditación. El sonido de las olas acalla todo el ruido que tengo dentro y me permite vaciar la mente de todas esas distracciones y escucharme. Os recomiendo, si os apetece, probar a hacerlo al menos una vez por semana, como un ritual, similar a las rutinas de belleza pero para cuidar de nuestro cerebro.

Busca tiempo para lo que te hace feliz

La lista que os he hecho no tiene orden ni concierto, pero es importante, en mi opinión, buscar tiempo para esos pequeños placeres o cosas que te hacen feliz. De todo lo que tengo en la cabeza lo que más feliz me hace siempre es la fotografía, una buena conversación o un paseo por el mar. Así que cuando me organizo trato siempre de darle prioridad a las pequeñas cosas, de obligarme a hacerlas hasta cuando no tengo ganas, porque sé que luego, cuando ya estoy inmersa en ellas, me voy a agradecer muy mucho haberles buscado hueco.

La felicidad es un estado emocional, así que no es algo constante que vayas a sentir todos los días a todas horas. Pero como en todo, cuanto más entrenas, más fácil te es llegar a ese estado. No puedo deciros qué os hace felices, pero sí puedo deciros qué hago yo para saber lo que necesito en cada momento.

Las preguntas adecuadas pueden ser guías en tu camino

Estas son algunas de las preguntas que me hago constantemente para saber qué necesito y conocerme en cada momento.

¿Qué necesitas? Cuando me hago esta pregunta de primeras, lo que puedo necesitar es agua porque se me ha olvidado beber, moverme porque llevo mucho en la silla o calma porque he tenido unos días muy ajetreados. Trato de averiguar realmente lo que me piden el cuerpo y la mente. A veces siento que cuando tengo una semana muy activa —de esas en las que además de trabajar cuarenta horas y encargarme del blog, he quedado cada día con alguien y apenas me he tomado tiempo para mí—, me quedo sin energía, me siento drenada y cansada. En esos casos siempre saco tiempo para salir a andar a la playa, que es lo que más me calma y me llena de buena energía. Lo importante aquí es escuchar a tu cuerpo y tu mente y parar si lo necesitas, haciendo o sin hacer nada. Somos bien diferentes y lo que me relaja a mí puede ponerte nerviosa a ti. Por eso es fundamental aprender a escucharse y a conocerse.

¿Esto te pone feliz? ¿O triste? Intento hacerme esta pregunta a menudo y en diferentes áreas de mi vida. Pues en un punto me di cuenta de que hacía muchas cosas por obligación y que en realidad no las necesitaba. No eran necesariamente cosas trascendentales. Solía decir que sí a todo, por esa cosa de complacer a todo el mundo que tenemos las mujeres tan interiorizada.

«¿Puedes quedar el miércoles?». *Claro, para ti siempre tengo hueco.*

«¿Me haces unas fotos el domingo?». *Claro, lo que necesites.*

«¿Me mandas eso?». *Claro.*

«¿Puedes sacar la basura?». *Claro*

«¿Puedes hacer horas?». *Claro.*

Y me di cuenta de que decir NO forma parte del autocuidado, porque a veces necesitamos tiempo para ser, sin complacer a nadie. Parece muy sencillo, pero cuando llevas tanto tiempo tratando de complacer a todo el mundo piensas que, si no lo haces, van a dejar de estar a tu lado. Y el miedo al rechazo es muy poderoso.

Tampoco os voy a engañar, no estamos acostumbrados a recibir un NO de alguien que siempre está ahí para nosotras. Pero es necesario poner límites, sobre todo si analizas esas situaciones y no eres feliz en cada una de ellas. Ese era mi caso, yo decía que sí a todo y luego no sentía que las relaciones fueran recíprocas. Sentía que no pensaban en mí cuando me pedían cosas. Luego me di cuenta de que somos egoístas por naturaleza. Siempre creemos que lo que nos sucede es lo más importante. Por lo tanto, es mi trabajo ocuparme de mí misma primero, darme prioridad y luego conjugar el resto. Ese fue otro «clic» valioso que me hizo el cerebro, priorizarse como regla básica que forma parte de amarse a uno mismo. No hace mucho tiempo lo hice visible, pero desde entonces me ha servido en muchas situaciones.

Piensa que las personas a las que les importas no se van a ofender ni dejar de estar a tu lado solo porque no estás disponible siempre para ellos. Lo mismo pienso del trabajo, no podemos calificar nuestro trabajo según las horas que le dedicamos, sino por lo eficientes y capaces que somos de desenvolvernos en él, ¿no?

Así que trato de conocerme en cada momento, tomarme los suficientes descansos para reflexionar si de verdad eso en lo que estoy invirtiendo energía me hace sentir bien, y trato de verbalizar y comunicar siempre lo que siento. Porque la vida es más fácil si dices lo que piensas, sin filtros, sin rayaduras, sin dobleces, no hay nada como ser honesto tanto con uno mismo como con los demás. Lo que más echo de menos en este mundo superficial en el que vivimos es la gente honesta, me agobia el verme buscando dobles significados a las conversaciones, suponer si alguien está siendo o no sincero. En este mundo tan rápido a veces nos olvidamos tanto de nosotros que... ¿quién tiene tiempo para memeces?

¡Busca tiempo y priorízate!

También forma parte de escucharnos el enfrentarnos a las cosas que hacemos a un lado porque sentimos que no estamos preparadas para afrontarlas. Cuando tienes la autoestima baja es mucho más complejo afrontar que tienes que trabajar en ella para que todo lo demás fluya.

A mí me costaba incluso aplicar a un trabajo para el que sabía que estaba capacitada, simplemente porque no creía en mí. Reforzando de ese modo la opinión negativa que tenía de mí misma. Lo cual me frustraba aún más porque sabía de sobra que podía alcanzar lo que quisiera solo si confiaba en mí. Algo tan sencillo como aplicar a un trabajo es solo la punta del iceberg, porque detrás del trabajo están tu autoestima, tu amor propio y tu valía.

Básicamente, tu opinión sobre ti misma y muchas veces ser consciente de si es realista es complicado. En mi caso lo fue por mucho tiempo, hasta que me dije basta y empecé a cambiar mi diálogo interno.

Ahí empecé a tomar las riendas de mi vida. No voy a hablaros, todavía, de las técnicas que he utilizado para cambiar esos diálogos, pero sí de un pensamiento recurrente que tenía al que yo llamo «cerebro limitado». Me di cuenta hace tiempo de que cuando naces en el seno de una familia humilde aprendes a conformarte, te educan para valorar lo que tienes y ser feliz con ello, y esa educación me ha traído muchas cosas positivas entre ellas disfrutar de los pequeños placeres de la vida como el sonido de la lluvia mientras escribo, descubrir belleza en cualquier lugar, un atardecer en el mar, el café por las mañanas, las duchas calientes, tener comida... Cosas que todos damos por sentado hasta que nos faltan.

Pero también es cierto que cuando te educan en la humildad y enseñan a apreciar las cosas pequeñas, tu ambición también se empequeñece. Piensas de forma realista y te acostumbras a querer para ti solo cosas que crees que son alcanzables. En cambio, cuando te crías en la abundancia te educan suponiendo que vas a ser capaz de hacer lo que te dé la gana, que tienes el mundo a tus pies y que es tuyo para cogerlo. De esta forma tus sueños no tienen que ser realistas y alcanzables porque crees firmemente que eres capaz de hacer cualquier cosa que te propongas. Y ese pensamiento que no es nuestro, que nos ha sido inculcado por un tipo de educación basado en lo material, marca una diferencia muy notable en la autoestima de una persona. Pero no solo en tu autoestima, sino también en los sueños que te permites tener. Nos volvemos conformistas, dejamos de arriesgarnos por miedo al fracaso y en realidad ese miedo no es nuestro, sino de la sociedad que nos educa en la filosofía del consumismo. ¿No creemos desde bien niños que es más feliz el que más tiene?

Como todo lo que os contamos en este pedacito de nosotras que es este libro, esto es únicamente una opinión basada en nuestras experiencias y las reflexiones que nos han llevado al punto en el que estamos ahora mismo. Lo que os decía de cambiar «el pensamiento de pobre» que tengo es una área en la que todavía estoy deconstruyéndome, intentando desaprender algo que tengo muy interiorizado y que no me hace bien. Estoy convencida de que visualizar qué ideas tienes dentro, reflexionar sobre quién las ha metido ahí y encontrar qué situaciones han reforzado esos pensamientos es una buena base que me evitará problemas en el futuro.

Porque esto de desaprender o deconstruirse es un trabajo diario. No es que lo pienses y luego lo aparques. Son ideas que aparecen cuando menos lo esperas, las tenemos muy aprendidas y es un trabajazo eliminarlas o cambiarlas. Cuando aparece la voz que me susurra… «Lidia, no estás preparada para este puesto», me pregunto... ¿Por qué no? ¿Qué me ha hecho creer que no estoy preparada? ¿Me faltan conocimientos o es una cuestión de autoestima? ¿Por qué me hace sentir insegura? ¿Qué me hace falta para considerar que sí puedo ser capaz?

Así que escucharos en todo momento, una vez te plantees todas estas preguntas, ya estás empujando para avanzar, para salir de tu zona de confort y cambiar. Llegado a este punto, si siento que mi inseguridad tiene que ver con el conocimiento, puedo buscar una solución. Si, por el contrario, es porque no creo lo suficiente en mí, me planteo cómo puedo sentirme mejor, más segura y tener más confianza en ese aspecto.

Una cosa que me ayuda con estos temas es un diario de agradecimiento. Especialmente en los días que no me siento tan feliz o que estoy más agobiada. Son solo cinco minutos y algunas líneas sobre lo que me ha hecho feliz y por lo que estoy agradecida. Empecé con esta práctica durante el confinamiento y lo que me gusta es que me ayuda a fijarme en las cosas positivas del día y dejar de lado las partes negativas o que me gustan menos.

Poner en práctica esta herramienta es muy sencillo. Solo necesitas un cuaderno cerca de tu cama (si vas a hacerlo nada más levantarte o al acostarte) y escribir, cada día, las cuatro cosas de las que estás agradecida. Resulta muy útil y te recuerda lo afortunada que eres, cosa que, a veces, no somos capaces de percibir a simple vista.

La anotación de hoy se vería así:

— Escribí mil palabras, que se dice pronto.

— Me permití no hacer nada durante un rato.

— Salí a dar un paseo por la playa.

— Estoy escuchando la lluvia mientras escribo.

No dejes que otros guíen tu vida

En estos momentos tengo la esperanza de haberos convencido para que os toméis tiempo para vosotras, para escucharos, para pensar en lo que necesitáis y que os hayáis dado cuenta de que nadie va a pensar esas cosas por vosotras. Tú eres tu mayor *cheerleader* y esto forma parte de tu desarrollo personal, no es trabajo de nadie más que tuyo.

La mayoría de personas piensan que hay aspectos en su vida que quieren cambiar, pero muchas veces no pasan a la acción por miedo a enfrentar creencias que les limitan. No arrincones el enfrentarte a lo que sientes, piensa que los cambios no son fáciles pues somos seres de costumbres, pero no puedes esperar que una situación cambie haciendo lo mismo.

A menudo pensamos que no somos merecedores de ese cambio y eso limita nuestro crecimiento. Es una cuestión enteramente ligada a nuestra autoestima, por tanto tendremos que trabajar ambas cosas a la vez.

Vuelvo otra vez a recomendarte que te hagas preguntas. ¿Por qué piensas que no mereces ese cambio? ¿De dónde viene ese pensamiento? ¿Cuál es su origen? A menudo nos apropiamos de esas opiniones que suelen venir de personas que nos importan o que admiramos, juicios que nos hacen ciertas personas y los tomamos como nuestros sin darnos cuenta. Investiga el origen de ese pensamiento, trata de ser flexible contigo misma; castigándote no vas a llegar a ningún lugar. Piensa si eso que tienes como certeza lo es en realidad. No te pierdas en tus pensamientos, trata de visualizar lo que quieres y ve a por ello. Pregúntate siempre si algo te hace feliz y si no es así, trata de cambiarlo. Sobre todo, ponte a ti misma como prioridad.

Tu bienestar mental y emocional están por encima de las expectativas que los demás tienen de ti. Verás que si tú estás bien, y centrada mentalmente, gestionar esos pensamientos y hacer esos cambios que deseas será mucho más fácil.

Y, no lo olvides:

**Priorizarse es el primer peldaño
de la escalera hacia una vida feliz,
en paz y repleta de amor propio.**

Semana 2

Libérate de las etiquetas

Por Raquel

> *Un hombre no puede sentirse*
> *cómodo sin su propia aprobación.*
> **Mark Twain**

Miedos, inseguridades, logros y un camino por recorrer

Os confieso que el proceso de intentar condensar en palabras todas las cosas, grandes y pequeñas, que me han llevado a ser quien soy ahora mismo me está suponiendo un viaje apasionante hacia mi pasado, presente y futuro. Gracias a este proceso, me he replanteado aquello que siento, pienso y todas aquellas cosas que han sido claves para ser quien soy hoy.

Escribir un libro, al menos de esta temática, es un paseo alucinante por tus miedos, inseguridades, logros y por el camino que has recorrido hasta llegar aquí. ¡Os lo recomiendo!

Y al ponerme a reflexionar sobre estos temas me di cuenta de que las etiquetas eran algo de lo que sí o sí teníamos que hablar. Posiblemente sea una de las cuestiones sobre las que más hemos reflexionado en @soycurvy desde el principio. Empezando por la gran y dolorosa etiqueta que supone la palabra **GORDA** pasando por todas aquellas denominaciones, externas o autoimpuestas, que todas hemos llevado o llevamos colgando a nuestra espalda.

Yo siempre digo que el proyecto de @soycurvy me reveló una fuente de poder que no creí ser capaz de poseer jamás. Un poder que nace de la transformación absoluta de aquello que me dolía para convertirse en algo poderoso, algo que cambia la vida de las personas y que ha cambiado la mía propia.

Porque transformé esa horrible etiqueta de GORDA —de algo que dolía, me machacaba y con lo que me sentía completamente identificada (lo que significaba que jamás podría dejar de estarlo, ojo)— a algo que simplemente es, como ser alta o morena. Pasó de tener valor a no ser nada para mí. ¡Qué maravilla! Después de haber conseguido eso me siento capaz de cualquier cosa. Porque es la constatación de que solo aquello a lo que yo le doy poder tiene la capacidad de herirme. El proyecto, y todo el activismo que realizamos a través de él, me ha enseñado que yo soy la responsable de mis etiquetas. O, mejor dicho, del poder que estas ejercen sobre mí.

Cuando te das cuenta de que eres capaz de convertir lo que tú creías un límite en un motor de vida, ¿de qué no vas a ser capaz? ¡Eres capaz de todo!

Cuando te das cuenta de que no tienes encima UNA etiqueta limitante sino un montón

Al reflexionar sobre este tema de las etiquetas me he dado cuenta de una cosa muy curiosa: la etiqueta GORDA ni es la única, ni jamás ha sido la más importante a la hora de definirme.

En realidad, como os conté al explicaros mi historia, yo lo que siempre me he sentido es RARA. Una persona que no encajaba en los estándares. Cuenta mi madre que desde pequeña fui una niña peculiar, así que imaginad hasta dónde se remonta ese sentimiento de no encajar.

Y esta es una etiqueta que todavía está en proceso de transformación, considero que tal vez es la que más me está costando gestionar porque, quizá, es la que más enraizada está. Así que al pensar en eso de ser o estar GORDA me di cuenta de que a mí, la que me ha marcado la vida ha sido ser la de ser la **RARA**, por encima de cualquier otra.

Con esto lo que quiero decir es que aunque nosotros creamos que hay una cosa con la que nos definimos por encima de cualquier otra, en realidad somos una colección de etiquetas colgadas en nuestra piel. Y hasta que no empiezas a escarbar no encuentras las etiquetas que has estado soportando ni cuáles son aquellas que más te limitan.

Básicamente, somos seres complejos llenos de matices y en función de nuestras situaciones vitales, energía o momento nos daremos cuenta de unas u otras cosas. Es decir, que no soy, solamente, la GORDA, RARA o EXIGENTE, sino que soy un compendio de montones de adjetivos y etiquetas más. Todas entrelazadas y generando un universo complejo, así que ya va siendo de hora de que dejes de definirte solo por aquella que tanto te atormenta, porque eres mucho más.

Para qué y por qué están ahí

Ahora bien, una vez aceptas que esas etiquetas existen y están ahí lo que yo me preguntó es: ¿por qué?, y, más interesante todavía, ¿para qué? Y, sinceramente, pienso que se trata de un comportamiento totalmente humano: ¡necesitamos clasificarlo todo para saber cómo es el terreno al que nos enfrentamos!

Pero por esa ansia de conocer, de colocar a cada uno en un lugar conocido, normalmente para poder tratarlo de la manera adecuada, para no decir algo inadecuado… También para poder relacionarnos de la mejor forma posible nos colocamos en lugares que nos atrapan y de los que, a veces, no somos capaces de salir. Y es ahí donde la etiqueta deja de ser una ayuda para convertirse en una limitación. Así que, para mí,

el problema de la etiqueta no tiene que ver tanto con su existencia, sino con el poder que tú le confieres.

El ejemplo del que hablaba sobre la palabra **GORDA** es perfecto para explicar esta teoría. Cuando esa palabra solo significa un tipo de morfología corporal o un tipo de cuerpo no duele, no se convierte en algo que te separa de los demás o que te clasifica más allá de elegir una talla XL en lugar de una S. Pero cuando le dotas de poder se convierte en un verdugo que te acompaña a todas partes. Cuando le permites tener valor, entonces dejas de hacer cosas por ser gorda, dejarás de intentar cosas que te interesan, no enviarás un CV, no irás a la playa, no comerás en una cita... Se convertirá en una verdadera condena perpetua para ti. Vivirás bajo el totalitarismo de la etiqueta autoimpuesta.

Así que, bajo este razonamiento, las etiquetas nos valdrían como algo que nos ayuda a saber dónde estamos. Algo que simplemente nos coloca en el mapa, pero no nos atrapa dentro de un territorio. Desde aquí reivindico el valor de la etiqueta como localizador y no como frontera frente al otro. ¿No os parece bonita esta imagen? Una etiqueta que te localiza, lo que supone que siempre te puedes mover a una nueva localización cuando lo necesites. Volveremos sobre esta idea más adelante.

Por lo tanto, etiquetamos al otro para entender dónde está y el otro nos etiqueta para saber dónde estamos, pero el dolor sobreviene cuando esa etiqueta, en lugar de localizarnos, nos atrapa y no nos deja seguir adelante.

Darme cuenta de esto, os confieso, me resultó muy liberador. Si la etiqueta solo era algo que estaba ahí, pero no iba a coartar mi libertad, ¡ni siquiera tendría que liberarme!... Solo tenía que darle el poder que yo deseara en cada momento (soy consciente de que es mucho más sencillo de decir que de hacer, pero en un ratito intentaré arrojar algo de luz sobre cómo conseguirlo, ¡prometido!).

¿De dónde has salido, querida etiqueta?

Una vez que interioricé esta idea lo siguiente que pasé a plantearme fue: ¿de dónde han salido?, o mejor dicho, ¿de dónde las he sacado? Porque, vamos a ser sinceras, muchísimas de esas etiquetas que te encarcelan ni siquiera las has construido tú, son como pequeñas lapas adheridas a tu piel que otras personas consideraron apropiado regalarte o adjudicarte, más bien.

Aquí tenemos a un montón de culpables frente al paredón: están papá y mamá, que depositaron todas sus esperanzas y traumas en ti, la sociedad, que espera que seas aquello que le va a ser útil, tus amigos, tu familia y hasta el tendero de la esquina, que prefiere clientes rápidos y un día te llama lenta y tú decides creértelo.

Y es que, amigas, porque ahí está el quid de la cuestión, si bien es cierto que en gran medida son los otros los que te adhieren esas etiquetas, **eres tú la que decide si las dejas tatuadas en tu piel o te las borras.** Y aunque borrarlas a veces sea tan complicado como borrar un tatuaje, otras veces solo se trata de hacerlas visibles y ¡puf!, desaparecen como por arte de magia. Vamos, que todas vivimos un poco en el autoengaño de creernos cosas que no son y cargar con complejos, «deberías» y mierdas ajenas, pero, queramos o no, lo hacemos porque nos da la gana.

Ahora, a lo que íbamos. En realidad las etiquetas están por todos lados, son los miles de mensajes que los demás pronuncian cada día: acerca de nosotros, sobre ellos mismos o sobre los demás.

Es mamá queriendo que me haga juez porque soy muy justa (todavía me lo repite de vez en cuando). Es mi abuela repitiendo cada vez que me ve que soy una mujer muy independiente (etiqueta que pasó de connotación negativa cuando era adolescente a la mejor del mundo ahora que soy adulta... La mujer debe de haber tenido una epifanía al cumplir años). Era mi profesora diciendo que hablo demasiado (porque me aburría como una ostra en clase). Pero, también, es mamá queriendo que sea funcionaria y tenga un buen futuro, mi abuela enseñándome cómo deberían ser las mujeres y la profesora harta de que nadie le haga caso en clase.

Las etiquetas son todo lo que piensan de ti, pero también todo lo que piensan de sí mismos los demás y cuando eres consciente de ello ya no lo ves del mismo modo. Porque si hablan sobre sí mismos ya no tengo la necesidad de adoptar esa etiqueta que no va conmigo. ¡Es tan liberador!

He conocido a muchísimas mujeres que arrastran como una herencia familiar la etiqueta GORDA, con cuerpo normativo o no, porque mamá tiene una relación poco sana con la comida y su propio cuerpo. ¿Por qué deberían seguir con ese tatuaje en la piel si no lo eligieron y además es el reflejo claro de un trauma intergeneracional o heredado de su madre?

Porque aquí volvemos a la idea de la etiqueta como barrera: si la etiqueta es algo que te genera dolor y no te permite ser otra cosa, ¿no deberíamos liberarnos de ellas? Acaso... ¿no hemos venido a esta vida a disfrutar y explorar el mundo? ¿Es justo que cargue toda la vida con las ideas preconcebidas de otros sobre mí? ¿Tengo que llevar el trauma de mamá (o cualquier otro) tatuado en mi piel el resto de mi vida?

En este punto, me gustaría dejar clara una cosa, y es que siento o percibo que cuando alguien hace esta reflexión que acabo de compartir con vosotros lo primero que se nos viene a la cabeza es: «¡Malditos, nos están traspasando sus traumas!». Y parece que todo lo solucionamos con «¡Mamá tienes la culpa!», pero es que:

1. Mamá tal vez solo ha sido capaz de trasladar el trauma que le generaron a ella porque no ha tenido herramientas suficientes para afrontarlo.
2. Mamá tal vez piensa que te hace bien porque lo único que quiere para ti es que no sufras y como sabe que las gordas lo hacen por no tener cuerpos normativos, te ayuda, a su modo.
3. Mamá te enseñó la etiqueta, pero es que te la colocaste tú. Adoptarla fue tu elección, aunque pueda ser una elección inconsciente, obviamente.

Y es que creo que hay algo importante en esto de las etiquetas, escuchadme bien, abrid los oídos: **NOS LAS COLOCAMOS SOLITOS**. Muchas veces de forma inconsciente porque de tanto escucharlo para que se callen pues te la cuelgas y ya. Y, otras veces, eras pequeño y ni te enteraste, pero, la mayoría de las veces, no estamos atentos, nos confundimos, centrados en nuestras vidas y no paramos a reflexionar: «¿Oye? ¡Que he cogido esa etiqueta que me limita y me la he colgado encima! ¡Seré capulla!».

Así que, sé que esto no lo vas a querer leer porque a mí también me costó aceptarlo: **la responsable de que te sientas limitada por una etiqueta no es ni mamá, ni la sociedad, ni la abuela, la responsable eres tú**. Y esto, aunque es doloroso de aceptar, también es una genial noticia porque si tú la colocaste, ¡tú la puedes quitar!

Y es que, si lo piensas bien, las etiquetas te ponen muchas, muchas piedras en el camino. En primer lugar, no te dejan evolucionar o descubrir quién eres, imaginad que yo me hubiera creído la etiqueta de mi abuela de súper mujer independiente que puede sola con todo, es más, de hecho, me la creí durante demasiado tiempo. Mi madre incluso hablaba de la república independiente de Raquel... Bueno, pues ¿sabéis qué pasó con esa etiqueta? Que si bien puede parecer positiva, porque habla de mi fortaleza interior y mi capacidad de salir adelante, cuando te la colocas en la piel y te la crees a pies juntillas hace que muchas otras se excluyan de tu vida. Así que como eres independiente no puedes dejar que nadie te ayude, no aceptas que no puedes con todo, no te permites ser vulnerable... y ¿sabéis qué tipo de vida vives cuando la vives así? ¡Una vida de mierda! Bueno, más bien, una vida a medias.

Y esto es lo que consiguen todas las etiquetas, hacer que vivas una vida a medias. Una vida donde no te permites vivir en plenitud, sintiéndote completa. Porque, amigas mías, no eres solo independiente o seria o inteligente u organizada, sino también interdependiente, divertida, una tonta de remate a veces y un caos. **Eres muchas más cosas que una lista de palabras que te definen**.

Así que cuando aceptas las etiquetas, en gran parte estás negando tu verdadero ser: que es complejo, muy loco, superincoherente a veces y, además, ser de este modo hace que la vida sea muy divertida, para qué vamos a negarlo.

Porque, por ejemplo, cuando realmente aprendí que no tenía que llegar a todo yo sola, que me podía dejar ayudar y que mostrarme vulnerable me traería las mejores cosas de la vida, la gama de colores de mi vida mejoró sustancialmente.

Vuelta a un mundo lleno de colores

Por mi tipo de personalidad siempre he sido de vivir en el blanco y negro. Algo es bueno o malo, positivo o negativo... ¡Etiquetas, al fin y al cabo! Pero con el tiempo me di cuenta de que si no dejaba entrar el color, que es todo lo que está entre medias, mi vida sería muy difícil y mucho más aburrida. Así que, aprender que esas etiquetas que todas tenemos colgadas —sean ciertas o no, las hayas elegido o no...— están ahí para ofrecerte únicamente una gama de colores y no tienen por qué definir nada más, también resulta liberador. ¡Somos libres, amigas! (Mucho más de lo que creemos, en realidad).

Otra de las cosas negativas que genera definirse con una gama limitada de etiquetas es que no permites al otro relacionarse contigo desde la libertad, porque como tú ya eres gorda, seria, rara, independiente: no permites al otro conocerte de forma real, no vaya a ser que al verte tal cual eres te demuestre que la etiqueta no es cierta (o es una verdad a medias, nada más).

**Cuando te liberas de la tiranía
de las etiquetas y aceptas que simplemente
son una guía, al relacionarte permites
a los demás mostrarte cosas de ti misma
que ni siquiera te habías planteado.**

Por ejemplo, os voy a contar algo que me pasó estando en una cita con una persona que acababa de conocer: el chico que tenía delante no paraba de reírse porque le encantaba mi tono de voz, la manera que tengo de expresarme: ¡pensaba que yo era una chica graciosa! Figuraos mi impacto porque yo siempre me había definido como una mujer tirando a seria, algo payasa pero seria. Con suerte me pilló en un momento donde yo ya me había dado cuenta de que las etiquetas no me definen, sino que me sirven de guía. Así que, a partir de ese día, acepté que algunas personas saben ver mi lado gracioso y otras no. ¡Hola, hombres del mundo con buen sentido del humor!

Y, por último, lo que más me sorprendió al liberarme de las etiquetas (que no es realmente tal, sino algo que tiene más que ver con cómo redefinir la forma en la que me relacionaba con ellas) es la cantidad de energía que empiezas a recuperar cuando dejas de preocuparte por ellas. **Ya no te preocupa parecer seria, verte gorda... Ya te da igual lo que la gente piense respecto a tu etiqueta porque sabes que eres eso y mucho más.** Pero también te da igual lo que opinas de ti misma porque sabes que hoy eres eso y mañana podrás ser otra cosa. Porque si te cansas del vibrante amarillo de ser superalegre, mañana podremos vivir un ratito en el morado de la intensidad.

¡Podrás redescubrirte cada día porque nada te limita! Eres muchas cosas a la vez y te vas a permitir vivir todas tus versiones.

Por lo tanto, si aprendemos a relacionarnos de una forma más sana (más sana para nosotras y para todos los que nos conocen) conseguiremos liberar un montón de energía que podremos utilizar para cosas tan importantes como seguir creciendo, aprender nuevas habilidades o simplemente descansar.

Y sí, has leído bien, descansar, porque algo de lo que fui consciente al empezar a liberarme de cadenas o muros como estos es que no podría vivir relajada, tranquila, descansada hasta que no me liberara de ellas.

Porque aunque creas que esa etiqueta que tienes colocada encima, que te pica un poco cuando alguien la pronuncia, que no te gusta, pero bueno, te limita un poco, pero, según tú, no gobierna tu vida, aunque pienses que es así, eso no es verdad, esa etiqueta no te permite descansar. Porque, posiblemente, estarás obsesionada con lo horrible que va a ser que todo el mundo te vea en bikini cuando te han invitado a pasar un tiempo en la playa. Y te comerás la cabeza con si entrarás en el asiento del avión...

Porque ocuparás muchísimo espacio mental en cosas que realmente no merecen la pena. Porque a la gente le dará igual si tienes o no celulitis al ir a la playa (entre otras cosas porque están ocupados en sus propios monólogos mentales, perdiendo su energía), y en el avión te darán un extenso si lo necesitas. Lo importante y aquello en lo que deberías poner el foco es en disfrutar, y no en estar constantemente preocupada por cosas que ni siquiera sabemos si van a suceder.

La vida no se te puede escapar por un puñado de etiquetas. Porque mientras estás obsesionada con ellas se te olvida vivir, disfrutar y bailar. ¡Que hemos venido a esta vida a ser felices, no a tirarnos la vida peleadas con nosotras mismas y rodeadas de muros invisibles!

Si bien es cierto, amiga, que los muros de las etiquetas son invisibles, no voy a decir que no son reales. La sociedad no nos lo pone fácil a veces, y muchos de esos muros en cierto modo existen, pero en tu mano está aceptarlos o no. Vivir limitada, de alguna manera, es una cuestión interna.

Cuando la etiqueta limita y existe, es real

A ver, no te entiendo, dices que no son reales y luego que existen, ¡aclárate! Volveré a mi etiqueta más temida para aclarar esto. Yo siempre me he sentido una persona RARA porque no encajaba en el estándar y eso es una realidad, no es algo que yo me haya inventado: tiendo a apreciar aquello que no es lo más común, a veces me cuesta entender las cosas... es así, es real, no es algo que yo me haya sacado de la manga, es el reflejo de una realidad. Por mucho que yo quisiera que esa etiqueta no existiera, siempre va a estar ahí porque, aunque no sea algo elegido por mí, es de esta manera. Igual ocurre con la etiqueta de GORDA, es así, no estoy delgada, chicas, no lo estoy, eso va a seguir ahí quiera yo o no (mientras no baje de peso, al menos).

Y ¿qué hacemos con esto?

Pues yo creo que intentar ser lo más feliz que sea posible con lo que te toca. No hay más, porque lo más valiente que podemos hacer es ser felices, le pese a quien le pese.

No hay nada más revolucionario en el mundo en el que vivimos que ser GORDA o VIEJA o RARA y además ser FELIZ. Porque siempre nos han contado que no era posible, que si te había tocado algo que «no estaba bien» o «no era deseable», tenías que estar triste y vivir enfadada de por vida por no ser «lo que se espera de ti».

Eres tú quien decide cuánto te limitan tus etiquetas, sean reales o no, autoimpuestas o adoptadas, positivas o negativas socialmente.

¿Cómo consigo no vivir tan limitada?

Y como sé que parece más sencillo decirlo que hacerlo, aquí va una lista de cosas que a mí me han ayudado:

Aprender que me definen muy pocas cosas en la vida, porque la vida muta y todo cambia. Hoy soy una cosa, mañana otra y la vida es muy divertida gracias a ello.

Preguntar a mi entorno cuáles eran las etiquetas que ellos creían que me definían y darme cuenta de que sus etiquetas son muchísimo más amables que las que yo me había colocado. ¡Sorpresa!

Hacer un poquito de introspección para escarbar sobre qué escondía esa etiqueta. Me explico: a veces te cuelgas el sambenito de ser tímida porque en realidad te da pereza interactuar, o el de vaga porque te da pereza activarte, pero tú de vaga no tienes nada cuando algo te interesa. No te autoengañes más así que sé sincera contigo misma.

Hacerme las preguntas adecuadas para darme cuenta de si las etiquetas que me están definiendo en este momento son aquellas que me llevarán a donde quiero ir o tengo que irlas mutando para conseguir lo que deseo. Por ejemplo, si quiero estar más sana, autodenominarme como una persona perezosa no ayuda.

Y sobre todo, hay que mandar más a la mierda, porque es algo muy liberador que no nos permitimos jamás.

¡A la mierda las etiquetas! ¡A la mierda dejar de estar limitada por cosas que en realidad no son importantes! ¡A la mierda todo lo que no te permita ser feliz!

Mima tu cuerpo, reconecta contigo (belleza)

Por Raquel

*El amor propio es la fuente
de todos los amores.*
Pierre Corneille

Dejé de mirarme en el espejo

No recuerdo muy bien cómo ni cuándo pasó, pero un día me di cuenta de que hacía años que no me miraba en el espejo. Incluso evitaba observarme en los escaparates y los espejos por los que pasaba. No dedicaba ni un segundo a mi reflejo. Cuando por la mañana me limpiaba las legañas al despertarme o me peinaba antes de salir de casa dedicaba escasos cinco minutos a comprobar que la coleta estuviera en su lugar, pero poco más.

El día que fui consciente de este hecho os juro que me sorprendió. ¿Cómo podía llevar tanto tiempo sin observarme? Fue duro darme cuenta de que lo que me pasaba es que estaba totalmente desconectada de mi cuerpo. Que me había perdido, había dejado de ser… Había desaparecido y me sentía como un ente abstracto totalmente diferenciado de mi cuerpo, que me trasladaba a todos lados.

51

Tras todos estos años conversando con miles de mujeres gracias a nuestro proyecto, he sido consciente de que no soy la única a la que le ha pasado o le pasa este extraño fenómeno. Somos muchas las que durante años hemos vivido desconectadas del cuerpo que somos, entendiendo que nuestro verdadero ser es otro muy distinto al cuerpo que somos. Como si mi yo real nada tuviera que ver con el cuerpo que me ha tocado «soportar».

Así que en este capítulo vamos a hablar de la belleza y los mimos diarios que tienes que empezar a regalarte desde hoy mismo. Porque ese cuerpito que el universo te ha dado es una pieza fundamental de tus rutinas de autocuidado.

Para mí la desconexión corporal tiene que ver con dejar de escucharse, atenderse a una misma y de reconocerse. Es como dejar de existir en la relación con el otro y en tu propia existencia. Dejas de preocuparte por ti misma y desapareces.

Siento que en realidad nos ha ocurrido a prácticamente el 80 % por ciento de las mujeres que conozco en algún momento de nuestras vidas. Y es que dejas de atenderte, escucharte... y pasan cosas como que te pones enferma porque no caes en la cuenta de que estás supercansada. Confieso que esto me ha pasado más de una vez: fuerzo tanto la máquina que tiendo a desfallecer y acabar enferma porque, simplemente, no me escucho. Me desconecto de quien soy, trato a mi cuerpo como un ente separado de mí.

La desconexión corporal tiene mucho que ver con dejar de mirarte, mimarte y sobre todo dejar de escucharte. Yo creo que a veces no vemos la realidad del reflejo que nos devuelve el espejo, que podemos vernos mejor o peor, pero que no somos conscientes de nuestra realidad. ¿Por qué en realidad no aceptamos esa imagen? Por un lado, es algo que te molesta: «¡Ojalá no fuera así!»; y por otro, la sociedad y tu entorno te recuerdan constantemente que no debería ser así: «¡A ver si empiezas a cuidarte!».

Así que, de forma inconsciente o no, empiezas a desconectarte de tu cuerpo, porque es algo de lo que no quieres o no puedes encargarte. Si no lo veo, no existe. Si no lo atiendo, es una cosa menos de la que me tengo que preocupar. Si no le dedico energía, deja de ser algo que me molesta... Y, muy poco a poco, llega un momento en el que sientes que es algo que no es parte de ti, tú no eres ese cuerpo, eso es algo que simplemente te ha tocado aguantar.

El desear ser otra

Si lo piensas bien, esta desconexión tiene mucho que ver también con ese «debería ser otra» que tanto nos han vendido: más delgada, más alta, más delicada... Con el siempre querer ser otra versión «mejorada». Esa idea de que no eres suficiente, de que siempre te falta algo, de que podrías mejorar, «ser tu mejor versión», lo llaman. Y aunque en @soycurvy estamos convencidas de que mejorar y evolucionar siempre es positivo, vivir constantemente intentando ser otra, en lugar de aceptar la que eres y cuidarla desde el amor, hace que desconectes de ti misma cuando ya no puedes aguantarlo más.

Me pregunto si esta desconexión les pasa a todas aquellas personas que han dejado de quererse o no tienen una buena relación con su cuerpo. Lo que está claro es que es muy difícil cuidar aquello que no aceptas o rechazas. Para abrazar la imagen que te devuelve el espejo, que te resulta realmente dolorosa, hay primero que hacer un camino hacia el amor propio consistente y constante que, ya te avisamos, no será fácil.

No tengo muy claro qué fue antes si el huevo o la gallina, me explico: si desconectas porque no amas tu cuerpo o no amas tu cuerpo porque desconectas de él. Nuestra experiencia nos dice que los caminos de aceptación corporal y relación con el propio cuerpo son muy diversos y suponemos que habrá de todo.

En mi caso me peleaba con la imagen que el espejo me devolvía. No me gustaba, así que simplemente dejé de mirarme, al dejar de observarme poco a poco me fui desconectando y dedicándome cada vez menos energía vital hasta que un día constaté que ni me miraba al espejo ni sentía ese cuerpo como propio. ¡Me había desconectado!

Por lo tanto, tal vez, en función del tipo de proceso que te haya llevado a esa desconexión, tu camino de «recuperación» sea distinto. Puede ser que tú empieces a quererte mucho, te conectes con tu cuerpo y te digas: «¡Coño, no le estaba prestando atención!». O bien que, al conectarte, te digas: «Joder, pero si esto es una maravilla... ¡Me lleva a todos lados, me da placer y es precioso!». Sea como sea, ¡bienvenido seas, amor propio, porque te vamos a disfrutar!

Yo siento que muchas veces desconectamos de nuestro cuerpo para no ser conscientes de una realidad que nos duele, que nos hace daño. Porque la imagen que nos devuelve el espejo no nos hace felices, no es lo que queremos ver. Puede ser quizá un mecanismo inconsciente de defensa. No pienso que nadie tome la decisión consciente de decir: desconecto de mi cuerpo para dejar de sufrir. Pero de alguna forma sabemos que tenemos algún problema y no nos hacemos cargo de él. No buscamos soluciones.

La caja de herramientas para reconectar contigo misma

Cómo resolvemos esta situación depende también de qué tipo de herramientas disponemos. Me refiero a que, a más recursos, más posibilidades de ser consciente de la situación. Por ejemplo, si eres una adolescente y tienes muchísimo complejo con tu cuerpo, es altamente probable que de manera inconsciente, porque no tienes herramientas suficientes, generes esa desconexión con tu cuerpo. Y para ti sea algo natural. En cambio, si eres una persona que ya se ha enfrentado a situaciones similares, probablemente esa desconexión sea algo más consciente.

El primer paso para «solucionarlo» posiblemente pasa por preguntarte si te escuchas, si sabes lo que tu cuerpo necesita, si te miras lo suficiente al espejo y si eres consciente de lo maravilloso que es tu cuerpo porque sin él no podrías vivir. Para mí, el mero hecho de la revelación del «¡no me miro al espejo!» fue suficiente para darme cuenta de que algo pasaba y que me tenía que hacer cargo. Descubrir lo que ocurre es el primer paso para ponerle solución.

Cuando te quieres eres más consciente de lo que necesitas tanto emocional como físicamente. Por ejemplo, si llevas dos días sin hacer ejercicio, tomas consciencia de que tu cuerpo y tu mente lo necesitan. Quererte está conectado con saber qué es lo que necesitas en cada momento. No creo que se pueda separar lo emocional de lo físico, pienso que van de la mano. Eres un todo: tu cuerpo, tu mente, tu espiritualidad... Los seres humanos somos complejos y multifactoriales, abandonar uno de nuestros planos de existencia hace que nos sintamos incompletos.

Por supuesto, cada individuo tiene y siente según sus experiencias, todos somos muy distintos. Tened en cuenta que aquí compartimos nuestras experiencias personales, aquello que nos ha sucedido, las herramientas que hemos ido encontrando por el camino y cómo las hemos utilizado, pero tu camino será totalmente personal, único y perfecto tal cual es.

Lidia siempre comenta que cuando tiene la autoestima un poco más baja se cuida menos. Le apetece menos cuidarse. Hay cosas que uno nunca deja de lado porque son rutinas adquiridas, pero las empiezas a hacer con menos ganas. Y esa desgana puede ser una época de estrés. No siempre tiene que ver con la percepción que tienes de ti misma. En su caso la desconexión la desencadena la falta de tiempo personal, más que el no sentirse bien con su cuerpo.

Yo, en cambio, siento, al observar mi propio caso y el de muchas mujeres maravillosas que me rodean, que la desconexión me lleva al descuido personal. De este modo es posible que una mujer que no ama su cuerpo, ni a sí misma, deje de ir a la peluquería, no se haga la manicura o lleve años sin utilizar una rutina de belleza personalizada. ¿Para qué voy a cuidar esto que no quiero? Si no dedicas ni cinco minutos a mirarte en el espejo, ¿cómo vas a ir a la peluquería o al salón de belleza para estar horas delante de un espejo de dos por dos?

La belleza real va de reconectar contigo misma y abrazarte

Y en este punto quiero hacer un alegato: para nosotras la belleza no es algo superficial que solo vaya de verse bonita para el otro o formar parte de un canon determinado. Ese tipo de belleza no nos interesa, ya lo sabéis. La belleza va de reconectar y encargarte de ti misma. La belleza va de cuidarte, del amor que te procesas. De tus cuidados, de tus mimos, de tus autorregalos en forma de una limpieza facial, la manicura o comprarte un perfume que te encanta. Porque creemos que forma parte del proceso de autodescubrimiento que supone el camino del amor propio.

Y desde ese punto de vista, la belleza nos ayuda a ofrecernos todo el amor que merecemos siempre que nos venga en gana. Desde esta perspectiva esa rutina de ocho pasos nocturna la llevarás a cabo porque es tu momento, te lo mereces, porque te encanta como te deja la piel y porque es superreconfortante, no porque toque hacerlo, no porque la piel tiene que estar de x o de y forma, sino porque te mereces todo lo bueno que tú te quieras regalar. Pero claro, si ni siquiera sientes que ese cuerpo sea tuyo, ¿cómo vas a gozar ese autoabrazo que tanto te mereces?

Tranquila, que te voy a contar algunas de las técnicas que a nosotras nos han servido para reconciliarnos con nuestra imagen. Aquí hemos venido a compartir con todas vosotras todas estas experiencias que nos han servido para avanzar, esperando que alguna os inspire lo suficiente como para realizar cambios en vuestra vida y eso os lleve a ser algo más felices.

Mirarte al espejo

Como os he contado, durante muchísimos años yo no me miraba al espejo. Casi en ningún momento, cinco segundos para peinarme. Iba por la calle intentando no verme reflejada en ningún escaparate, huía de mi reflejo. En realidad, me dolía la imagen que me devolvía el espejo. No quería ver quién era. Creo que me pasaba por el conflicto que tenía con mi cuerpo, porque no aceptaba mi realidad corporal. Y entonces no lo quería ver, quería que desapareciera. Ya os he contado que por esa época soñaba con despertarme una mañana y ser delgada, ese tipo de pensamientos que uno tiene de adolescente porque supone firmemente que ser delgada lo arregla todo.

Tras mucho reflexionar he comprendido que me sentía así porque no encajaba en el sistema. Como no era normativa sentía que quería formar parte de ese grupo de la norma. Ya os he contado que mi problema, más que ser gorda, era ser rara (¡malditas etiquetas!). Consideraba que ser gorda era algo más que añadir a la lista de no encajar en ese estándar.

Durante muchos años fantaseé con que ser delgada me iba a facilitar encajar en el grupo; con los años me he percatado de que era una de esas cosas que tu mente te cuenta y ¡te engaña! Porque aunque adelgazara, seguiría siendo una persona bastante *outside the box* (fuera de los estándares).

En el caso de Lidia lo que más dolor le generaba era su familia, que ella siente que siempre le ha machacado por el físico… «¡Adelgaza!». Aunque nunca le ofrecieron herramientas para hacerlo, como enseñarle a hacer deporte o animarle a moverse más o comer de forma saludable.

Con el tiempo entendió que el problema no es el peso, sino que ellos no se quieren. Toda su familia es bajita y gorda, así que sus frustraciones y la falta de amor propio se la trasladaban a ella y a su hermana. En su caso se dan situaciones totalmente ridículas como que cuando cambió de trabajo (ahora tiene uno con mejores condiciones laborales que no conlleva tanta carga física), le aconsejaron que tuviera cuidado, no fuera a engordar por estar sentada en un ordenador. A veces a tu entorno le importan bastante poco tu bienestar y salud, en general.

Por eso debemos entender que la sociedad nunca deja de dar su opinión aunque no se la pidas. Pero tu percepción de esa opinión y lo que haces con ella va a cambiar según avances en el camino.

Sin embargo, ella no siente que en ningún momento haya dejado de mirarse al espejo. Su mayor lucha siempre fue porque quería vestir de una determinada manera y no encontraba ropa que le gustara. Como veis: ¡cada camino es totalmente distinto!

Ha llegado el momento de brillar

Y te cuento esto porque posiblemente tú tampoco te has mirado al espejo en mucho tiempo, es hasta posible que ahora mismo sigas sin dedicarte una mirada real, de observación a ti misma. Y es normal, porque es algo que nos pasa a todas. A menudo, cuando lo que el espejo devuelve no nos gusta o no es lo que la sociedad o nuestro entorno espera de nosotros o, simplemente, los medios de comunicación nos bombardean con que deberíamos odiarlo, solo queremos huir de ese reflejo. Pero resulta de especial importancia empezar a mirarse, a mimarse y a agradecerle día a día a nuestro cuerpo todo lo que hace por nosotras.

La revolución pasa por dejar de odiar aquello que nos han contado que no es perfecto para entender que nuestro cuerpo forma parte de quien somos y deberíamos agradecerle y disfrutar cada día las cosas maravillosas que nos permite disfrutar.

Deberías empezar a mimar tu cuerpo (incluso aunque en este momento todavía lo odies, aunque tu imagen no te guste) porque tu cuerpo:

— te permite estar viva: respira por ti cada segundo de tu vida
— te hace vivir experiencias maravillosas
— te transporta allí a donde necesitas ir
— te permite sentir placer al comer, practicar sexo, disfrutar la caricia esa que te eriza la piel…
— si eres una mujer, posiblemente, te permitirá engendrar una vida dentro de ti.

Pero es que además, por si no te habías dado cuenta, es el único que vas a tener, por arte de magia no va a aparecer otro cuerpo para que puedas vivir tu experiencia como humana. Este es el cuerpo que te tocó y ya es hora de que te empieces a responsabilizar de él.

No cuidarlo es como no limpiar tu casa en meses, cuando te quieres dar cuenta ¡la mierda te invade! Y se convierte en un círculo vicioso que hace que cada vez te dé más pereza limpiar, pero cuando lo haces ocurre la magia y tu casa se convierte en un hogar. Pues lo mismo deberías sentir con tu cuerpo: necesitas que tu cuerpo sea tu hogar. Al fin y al cabo con **la única persona con la que 100 % seguro vas a compartir la vida es contigo misma, así que más te vale empezar a abrazarte más.**

Además, es que tu cuerpo es obra del universo, de dios o de aquello en lo que tú creas. Es una pieza de ingeniería asombrosa: respira sin que tú te des cuenta, ¡se cura solo!, te avisa de cosas que ni habías notado... Es una máquina perfecta y nosotras, por intentar entrar en unos cánones (auto)impuestos, lo tratamos como si fuera chatarra, como si no valiera nada. Pero sí es mágico —¡es divino!— y deberíamos celebrar levantarnos cada mañana. Si has estado enferma alguna vez posiblemente has sido capaz de notar en tus propias carnes esto que estoy explicando: cuando estamos sanos no somos conscientes de lo maravillosamente bien que funciona nuestro cuerpo, pero cuando enfermamos se revela la cantidad de «cosas» que hace por nosotros día a día.

Y ya si vamos un poco más allá es que aunque no te gusten tus lorzas o el michelín de la espalda... la realidad es que TÚ ERES TU CUERPO. **Y al rechazar aquello que somos, nos rechazamos a nosotras mismas.** Pensémoslo detenidamente: ¿este juego mental en el que vivimos va de que me estoy rechazando a mí misma porque parte de lo que soy no está dentro de un canon establecido por alguien que no soy yo? Si lo viéramos así, tan crudo, tan directo, posiblemente odiaríamos menos nuestros cuerpos porque ¡nadie quiere odiarse a uno mismo!

Cuando te pones a escarbar un poco en estos temas se revela que hay cosas que parecen una broma macabra, que nuestra mente nos engaña con juegos mentales constantemente y que la desconexión corporal tiene que ver, una vez más, con la no aceptación de quien somos... ¡Bienvenidos al juego de nuestra vida! Yo, cuanto más vivo, más me doy cuenta de que de esto va la vida: de **volver a la casilla de salida donde me amaba tal como era, sin** pedirle a mi cuerpo, a mis emociones, a mi mente ser quien no era.

Vuelve a enamorarte de ti misma

Porque cuando eres un bebé te flipa ser tú mismo. Te maravillas con tus manitas y tus piernas, no supones que deberías ser menos rechoncho y adorable, ¿verdad? ¡No! Piensas: «Jolines, qué guay estas piernas tan "chachis" que me permiten moverme por el salón». Cuando naces agradeces todo lo nuevo que tu cuerpo puede hacer, pero a medida que vas creciendo empiezas a exigirle que sea cosas que no es, incluso llegas a sentir que ese cuerpo que ves no eres tú.

Bueno, y ahora, tras contarte algunas de las razones por las que creo que la reconexión corporal es importante y por qué deberías cuidarte más... vamos con lo importante: las herramientas que nos han servido para ser conscientes de nuestro cuerpo y mimarlo más. ¿Me acompañas?

Algunas herramientas para mejorar la relación con tu cuerpo

Posiblemente, una de las herramientas más potentes que podemos compartir es la fotografía y, más concretamente, el autorretrato. Porque aprender a mirarse a través de la lente de la cámara revela cosas de ti que no sabías que estaban ahí. Además, es un momento contigo misma, sois solo tú y la cámara. Puedes acudir a ella cuando estás feliz, para que no se te olvide jamás, o cuando estás triste, para gestionar esa tristeza.

Aquí, como Lidia es la experta en este tema, le cedo la palabra a ella un ratito...

Empecé con el autorretrato de forma más continuada cuando lo dejé con mi ex y fui consciente de que era muy dependiente de él a la hora de crear contenido propio para subir a las redes sociales.

Me dio un ataque de rebeldía y me propuse ser independiente para TODO, incluso para generar el contenido. Empecé por comprar un buen trípode y hacerme con una app para controlar la cámara desde mi móvil. Luego, durante la pandemia, comencé un proyecto en el que me hacía un autorretrato por día. Me ayudaba a estar ocupada, escapar un poco de la realidad de estar encerrada, no tener trabajo y, bueno, las mil preocupaciones que teníamos todos por entonces.

Los autorretratos siempre me han servido como forma de expresión, siempre me he expresado mejor en imágenes que con las palabras. Es un tiempo que me dedico a mí misma, la preparación del momento en que lo dejas plasmado todo en una fotografía me relaja. Me emociona planear el escenario, qué quiero decir y cómo lo voy a hacer. Colocar mi cuerpo de forma que exprese exactamente aquello que quiero transmitir. Es un momento completamente mío y para mí la culminación es compartirlo con vosotras. Saber que os conmueve, que os ayuda en este camino de autodescubrimiento hacia la autoestima y el amor propio.

Os recomiendo ir poco a poco, empezar con un selfie cada semana, sin filtros ni ángulos raros. Algo que deje plasmado una parte de ti que te parezca bella, tu mano dándote una caricia, tus labios cuando sonríes... Y gradualmente dejar constancia de todo lo que eres. Os vais a dar cuenta, con este ejercicio, de que no odiáis todo vuestro cuerpo, solo algunas partes. Descubriréis partes de vosotras que amáis. El autorretrato como ejercicio me ha ayudado a ser consciente de quién soy, refuerza mi amor por la imagen que proyecto.

Confieso que envidio la valentía y visión estética que tiene Lidia a la hora de fotografiarse. Si bien yo me he divertido con los autorretratos, nunca me lo he tomado tan en serio como su proyecto de fotos diarias durante el confinamiento. Algún día exploraré esta herramienta con más profundidad.

A mí, personalmente, me sirvió algo más extremo que, tal vez, os va a dar miedo hacer, pero es liberador: ¡desnudarme! No sabéis lo mucho que me ha ayudado observarme desnuda frente al espejo. Empecé por dejar caer parte de la toalla cuando salía de la ducha, al principio cuando el cristal está empañado y no te ves al

100 %, después lo limpiaba… Lo hice de forma amorosa, intentando posar para verme bien, para gustarme, dándome cuenta de la belleza de mis curvas. De ahí pasé a dormir desnuda durante los meses de verano, lo que supone que durante un rato antes de dormir caminas desnuda por casa. Y mientras estás desnuda y el airecito de la noche recorre tu piel, un día te plantas frente al espejo, con la luz indirecta de la lámpara de noche, y se revela que eres una **JODIDA DIOSA DEL UNIVERSO**. Os aseguro que no hay nada más liberador.

El siguiente paso fue posar desnuda: para mí y para otros, aunque sobre todo para mí, y descubrir que mis curvas eran un paisaje ondulante dispuesto a ser conquistado. Yo os recomendaría empezar a miraros desnudas, poco a poco, en el espejo, pasar a caminar por la casa sin ropa y después dejar constancia de ello en un autorretrato. Con este camino tan pausado descubriréis que tenéis un lunar precioso en el muslo, que vuestra cadera en un ángulo concreto genera una curva maravillosa o que tenéis los pies más bellos del planeta. Os redescubriréis a vosotras mismas y seréis conscientes de que la belleza está en vosotras porque sois perfectas tal cual sois. Únicas, magníficas, una obra del universo, **y merecéis caminar desnudas, haceros fotos y miraros al espejo sintiendo amor**.

Por supuesto, otra de las cosas que más me han servido es comprender esto que hablábamos antes de que la belleza no es algo frívolo que hago por los demás, sino que se trata de un acto de amor. Que si esos labios rojos que te pintas por la mañana te hacen sentir poderosa y con ellos te vas a comer el mundo, ¿por qué no voy a lucirlos? Por eso, desde mi punto de vista, las rutinas de belleza son una herramienta excelente para aprender a quererte tal cual eres.

Aquí tenéis algunos pequeños actos de amor propio a los que recurro de forma constante.

— Baños de espuma, siempre tengo bombas de baño en la bañera y velas de olor. No hay mal día que no se solucione entre burbujas ni estrés que no se disuelva.

— Si la experiencia anterior la queremos mejorar por 1000, pues ¡te vas al spa! No hay cosa que nos guste más, nos habéis tenido que ver mil veces en @soycurvy… ¡Las curvys somos adictas al spa! Pero es que las burbujas son mágicas (sueño con una casa con *jacuzzi*).

— Hacerme la manicura. Me encanta descubrir cómo mi mano luce preciosa con las uñas rojas ideales.

— La pedicura. Respecto a este tema tengo algo que confesar: yo odiaba mis pies. Los odiaba profundamente, creía que eran muy feos, básicamente porque son anchos… pero gracias a personas que he amado mucho me he percatado de que son divinos. Así que de vez en cuando les regalo una pedicura completa: con exfoliante, hidratación, pintura de uñas… ¡todos los extras, por favor!

— Las limpiezas faciales. Tengo una madre que si la veis alucináis de la piel preciosa que tiene y ella dice que se debe a dos factores: la genética y la rutina facial. Así que desde la adolescencia yo uso jabón y crema hidratante de forma diaria y cada 3 o 4 meses, o cuando puedo, me hago limpieza facial en profundidad. Sinceramente, es un legado que le agradezco profundamente porque inculcó en mí unas minirrutinas de autocuidado sencillas pero muy efectivas.

— ¡La pelu! Si tienes el pelo rizado vas a conectar mucho conmigo en esta parte y es que tardé como 20 años en encontrar a alguien que conociera mi cabello y entendiera las necesidades del mismo, pero es que cuando lo hice… ¡maravilla! Así que ir a la peluquería pasó de ser un suplicio a un gozo. Os recomiendo encarecidamente que encontréis a vuestra peluquera, que le dejéis hacer, que es mejor pagar un poco más a probar en doscientas peluquerías y acabar siempre sintiendo que no te encuentras bien con el corte que te han hecho. ¡Pon una buena peluquera en tu vida y dejarás de sufrir! (Gracias, Mila y Arantxa, que me reconciliasteis con mi pelo). Del mismo modo, no temas probar cosas nuevas, yo renegaba del método *curly* porque sentía que eran demasiados pasos para mí, pero encontré en la comunidad de YouTube varias chicas encantadoras que me enseñaron que en realidad era muy sencillo, así que ahora sigo una rutina de muy pocos pasos que me deja el pelo genial. No dudes en experimentar y busca hasta encontrar aquello con lo que te sientas cómoda.

Podría estar muchas más horas hablando de mascarillas, cremas, rutinas de belleza…, pero lo más importante es que entiendas que lo que necesitas es darte permiso para disfrutar de tu belleza y hacerlo tal y como tú quieras.

El otro día hablaba con una amiga sobre maquillarse. Yo creo que no lo he hecho casi nunca en mi vida: de joven cuando salía de noche y alguna época en la que me he obsesionado con una *youtuber* o *instagrammer* de maquillaje, pero poco más. Ella me decía que no puede salir de casa sin matizar su piel y echarse un poco de rímel. Y ¿sabéis qué? ¡Es genial! Es genial que ella pueda ir siempre maquillada y yo nunca y ambas nos sintamos bien con las decisiones que tomamos. Lo que no estaría bien es que yo no me maquillara porque es lo que se supone que debe hacer una activista del amor propio y ella se maquillase porque a ver qué va a decir de ella la gente si ve su piel real.

Esto de la belleza va de amor, como la mayoría de las cosas de la vida, y de autocuidado. Va de que encuentres tus rutinas, las cosas que te hacen sentir bien, que te mires al espejo y te sientas bonita, porque TIENES DERECHO A MIRARTE DESDE EL AMOR Y SENTIR QUE ERES PRECIOSA, tienes derecho a disfrutar de tu imagen, a mirarte en todos los espejos, a disfrutar de ti y a quererte. Tienes derecho a brillar, a usar todas las cremas del mundo o ninguna, tienes derecho a ser tú misma y a disfrutar de la belleza tal y como tú desees que sea.

Nena, eres preciosa, ya es hora de que te empieces a dar cuenta de ello.

SoyCurvy

No dejes
que tu talla
defina
tu estilo

La belleza
de otra
no anula
la tuya

Elige ser feliz

*Ser una misma
es de valientes*

*La vida es demasiado
corta para pasarla
odiando tu cuerpo*

*Gorda, una palabra
de cinco letras.
Con el peso que tú
le quieras dar*

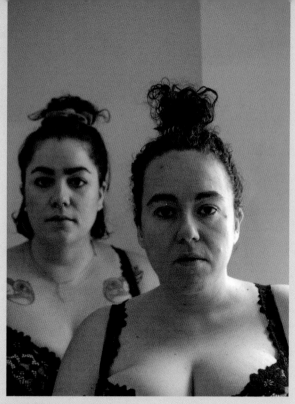

*La persona que ves
en el espejo es a la
única que le debes
explicaciones*

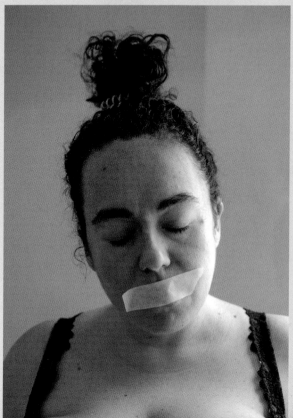

*Decir basta,
también es amor
propio*

Trátate como el amor
de tu vida

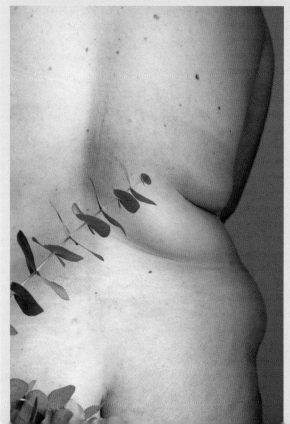

Tienes derecho
a amar tus
michelines

No tienes que gustarle a todo el mundo para ser feliz

Tu libertad acaba donde empieza la mía

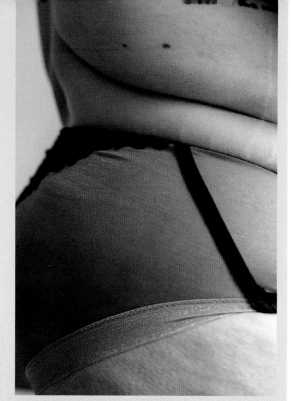

*Te mereces mucho más
que pasar tu vida
a dieta*

*Si te aprieta, no es
tu talla*

*Primero tu paz
y después lo demás*

*Nunca te disculpes
por ser una mujer
poderosa*

Deja de opinar sobre el cuerpo del otro: la gordofobia

Por Lidia

> *Liberarte de tu propia autocrítica es también
> liberar a otros de ella. Amarte a ti mismo
> es un acto de amor hacia el mundo.*
> **Vironika Tugaleva**

¿Por qué sentimos la necesidad de criticar al otro?

Os voy a contar algo relacionado con las críticas que me pasó y que me hizo frenar en seco y reflexionar sobre cómo quería afrontar esa necesidad que tenemos todos de ser aceptados.

Trabajando con otra compañera, alguien nos preguntó por una tercera y nuestra experiencia de trabajo con ella. Como en todos los ámbitos, hay personas con las que conectamos más y otras con las que menos. Os lo confieso, con ella conectábamos muy poco. Total, que estábamos hablando mal de ella y entonces sucedió algo que me hizo reflexionar cuando otra mujer nos dijo: «¿Podéis parar de hablar de alguien que no está presente?». Y las dos nos quedamos calladas.

En un primer momento el comentario me hizo sentir mal, culpable por estar hablando de alguien que no estaba presente. Y después, tras darme un tiempo y pensar en ello, comprendí que lo que me molestó no fue haber hecho el comentario, sino que me pillaran. Que realmente muchas veces criticamos al otro sin saber y deberíamos plantearnos algunas cosas antes de hablar mal de alguien.

Desde ese día me planteo dos cosas antes de abrir la boca:

1. ¿Puedo convertir esa crítica en algo constructivo?
2. ¿Esa crítica tiene que ver con la persona o conmigo?

Me explico:

Os pongo un ejemplo que seguro que en algún momento habéis vivido. Probablemente tienes la típica amiga descolgada, que nunca llama ni te propone quedar, pero que luego te suelta frases del tipo, «¡A ver si nos vemos pronto!». Y esto, seguramente, te crea frustración porque sientes que estás todo el rato detrás de ella para pasar un rato juntas y que ella no pone de su parte. Si intentas verlo desde su punto de vista, ¿podría ser que no se diese cuenta de que actúa así? ¿Es posible que no sea consciente de esta situación que a ti tanto te molesta? Frente a ella puedes decirle directamente que te frustra que actúe de ese modo o, simplemente, podrías cambiar de estrategia y solo comentarle que te escriba cuando tenga tiempo. De esta forma, en lugar de gastar energía criticándola porque nunca puede quedar, pasas a exponerle que cuando tenga tiempo os veréis; la pelota ya está en su terreno y tú has dejado de enfadarte por ello.

Yo me di cuenta de que si lo hacía de esta manera me quitaba frustraciones, me liberaba de una energía que no me hacía bien y mejoraba la comunicación con los demás.

La otra pregunta que me hago siempre antes de lanzar una crítica es: ¿tiene esa crítica que ver contigo o con esa persona? Siento que a veces volcamos nuestras inseguridades en el otro y que muchas críticas vienen del dolor que estas nos producen.

Reflexiona acerca de algún pensamiento negativo que hayas tenido recientemente sobre alguien. En mi caso hay un chico del que sinceramente pienso que es un egoísta. ¡Ala, ya lo he dicho! Un chico de una *app* de ligues con el que empecé a hablar y parecía que todo iba bien... hasta que quedamos un día y tuvimos una conversación en la que siento que no me trató con respeto. En lugar de enfadarme o escribirle un mensaje, he tomado la decisión de respetarme y no hablar más con él. Pero si él decide hablarme porque no se ha dado cuenta de lo egoísta que es..., se me ocurre que, de entrada, voy a preguntarle si él cree que es buena gente; y, a continuación, voy a explicarle con todo lujo de detalles por qué su actitud me parece una falta de respeto. Pero no voy a gastar más energía en criticarlo con una tercera persona que solo va a tener una versión del conflicto y que no te puede ayudar a solucionarlo. Además, eso es un desgaste brutal de energía que puedes invertir en ti o en algo o alguien que la aprecie.

Nunca he entendido ni entenderé el amor que tenemos por destruirnos los unos a los otros. Con esas frases sentenciosas que lanzamos al mundo y que además nuestra sociedad acepta y normaliza.

¡Qué fea! ¡Qué gorda! ¡Qué mal viste! ¡Qué calvo! ¡Qué bajo! ¡Qué grande! ¡Qué pequeño! ¡Qué poco vale! ¡Idiota! ¡Estúpido! ¡Gilipollas!

Estos comentarios no te ayudan, no son constructivos, no nacen del amor, no te hacen crecer, no dicen nada de ti. Lo único que dicen de la persona que los lanza es que dentro tiene mucho odio y mucha rabia. Y que no sabe cómo canalizar esa marea de sentimientos, así que se siente como un animal acorralado. El otro arremete con lo que sabe que más daño te va a hacer. Aquello con lo que no estás cien por cien cómoda, puede ser cualquier cosa, generalmente algo que te hace distinta al otro; suele ser, incluso, lo que nos hace despuntar por encima del rebaño. Por lo general, el otro insulta porque al hacerlo recupera el control de las emociones que no sabe gestionar. Así que nunca dejes que un insulto te hunda, no tiene que ver contigo. Normalmente, **el problema no eres tú, el problema lo tiene la persona que lo lanza**.

Voy a contaros otro de los momentos que después de vivirlo arrojó un poco de luz sobre toda esta maraña de sensaciones encontradas que tenía con las críticas.

Hace mucho tiempo, calculo que hará unos diez años, viajé a Nueva York. Me hacía una ilusión tremenda ir después de haber visto tantas películas y series que se habían rodado allí. Preparé mi maleta con mucho cuidado e ilusión, como la loca de la moda que soy. Por aquel entonces llevaba el pelo blanco, cortísimo, y me gustaba combinar estampados muy llamativos: ropa deportiva con ropa elegante, zapatillas con lentejuelas y estas cosas que ahora aquí son completamente normales. Por aquel entonces yo me sentía un bicho raro llevándolas, pero desde que me fui de mi pueblo, rara o no, me ponía lo que me daba la real gana. Total, que andando por el Soho cámara en mano y alucinando con todos los escaparates, nos pararon para hacernos unas fotos. Y pensé «Anda, aquí se debe llevar mi estilo raro», y me gustó la sensación de sentirme aceptada, guay, *cool*. Fuera de la norma, sí. Pero aquí me sentía un bicho raro y allí sentí que me premiaban por mi forma de expresarme con la ropa. Seguí andando por las calles de Nueva York y alguien, al pasar, me soltó «¡Me encanta tu *outfit*!», y me explotó el cerebro porque adivina... ¡yo lo que esperaba era un insulto, no un halago!

Yo soy muy de digerir las cosas, si no me conoces bien puedes opinar incluso que soy tímida e introvertida. El caso es que me gusta escuchar, darle vueltas al asunto. En ese momento me salió un *«Thanks»* del alma, pero me quedé muy paradita. Y luego reflexioné que ojalá esto fuera la norma, ¿no? Imagina que las personas por la calle no te lanzaran frases negativas, sino positivas. Sería un subidón constante de autoestima, como una continua reafirmación de lo que en el fondo ya sabes, que eres jodidamente increíble. Ahí empecé a decir sistemáticamente todo lo bueno que se me pasaba por la cabeza de cualquiera, especialmente a la gente que quiero y que forma parte de mi círculo. Y, ¡sorpresa!, comprendí que no estamos nada acostumbrados a que nos halaguen, incluso nos incomoda un poco.

Te voy a proponer una herramienta que te hará ser impermeable a todas las críticas que te puedes encontrar en tu día a día. A partir de ahora todos los días antes de salir de casa te vas a mirar al espejo y gritar:

«¡Estás radiante! ¡Eres fantástica! ¡Eres suficiente! ¡Eres preciosa!».

Lo que pasa es que de tanto decírtelo vas a empezar a creértelo, y eso es una verdadera maravilla. Porque ya no dependes de otra persona para el subidón, solo necesitas cinco minutos en el espejo, mirarte, quererte bien, resaltar lo positivo y estás lista para comerte el mundo. Primero tienes que gustarte a ti misma, los demás vendrán después, como algo extra.

Y tras subirnos la autoestima vamos a pasar a un tema algo más escabroso. Algo que nos acosa a todas de forma diaria: la «gordofobia», y vamos a intentar, además, hacer algo de autocrítica. Confieso que me he pillado muchas veces teniendo pensamientos gordófobos, no solo hacia otros, sino hacia mí misma.

Hay cosas que tenemos tan sumamente interiorizadas que nuestra mente las ve como algo dentro de la norma, algo común. No te das cuenta de ellas hasta que alguna situación extrema te hace reaccionar o hasta que otra persona te hace abrir los ojos. Por eso, en este capítulo vamos a utilizar algunas de las reflexiones que las lectoras de @soycurvy han compartido con nosotras al hablar sobre este tema.

Os aseguro que os vais a sorprender sintiéndoos identificadas en más de una situación porque, amigas, gordófobas somos todas.

¿Qué es la gordofobia?

Decidimos hacer esta pregunta a las chicas que forman parte de nuestra comunidad en Instagram (@soycurvy) porque, aunque si bien es cierto que existe una definición clínica y etimológica de lo que es la gordofobia, para cada una significa algo distinto.

Y estas son algunas de las respuestas que nos dieron:
— «Discriminación ante un cuerpo no normativo, por su peso y forma».
— «Las exigencias que nos ponemos a nosotras mismas sintiéndonos gordas, feas y siempre con remordimientos por haber comido de más o haber entrenado poco».

— «La continua condescendencia… pobrecita la gorda, bastante tiene».
— «La discriminación a una persona por su exceso de peso».
— «El odio de mucha gente a las personas que tenemos un IMC por encima del "normal"».
— «Falta de empatía».
— «Que me menosprecien».
— «Es tener prejuicios contra las personas con obesidad o sobrepeso».
— «Es no soportar tener sobrepeso y decirle a alguien que si quiere ser mejor, que no engorde».
— «Odio y rechazo hacia las personas que estamos gordas».
— «Rechazo, discriminación y asco a personas que no encajan en los cánones impuestos por la sociedad».
— «Aversión a los cuerpos gordos».
— «La discriminación por tu cuerpo tanto a nivel laboral como social».

A riesgo de sonar atrevida o exagerada siento que la gordofobia la sufrimos todos, independientemente del peso que tengamos en este momento y si estás o no dentro de la norma. Y aunque puedes pensar que estoy desvariando por decir esto: las personas delgadas también sufren la presión de la gordofobia.

La sufren cuando dejan de hacer cosas o su vida se condiciona para no estar gordas: no comen un determinado alimento jamás, por mucho que les guste, compensan con cuatro horas de *gym* una cena alta en carbohidratos o viven realmente asustadas por aumentar una talla de pantalón.

Y es que para muchísimas mujeres ser gorda significaría dejar de estar dentro de la norma, de lo socialmente aceptable, y no lo podrían aguantar. Todas estas mujeres se ven atravesadas por la gordofobia de la misma manera que lo hacemos las personas gordas cada día.

Por eso, la próxima vez que tu vecina comparta contigo la última dieta que ha encontrado o te dé consejos sobre cómo perder las lorzas de la espalda, o cuando tu madre te quite el pan de la mesa porque «has comido demasiado», recuerda que ellas tampoco se libran de vivir oprimidas y solamente están intentando librarte de ese gran mal social que supone estar gordo.

Esto no significa que no contestes a tu vecina o te levantes a por más pan, sino que tenemos que entender que la gordofobia es algo que todos tenemos muy enraizado, dentro de nosotras y el proceso de liberarnos de ella será complejo, lento y no es sencillo para todo el mundo. Tampoco estamos diciendo que la chica que deja de comer postre porque no quiere subir a una talla 40 de vaquero sufra igual que una persona que se ve discriminada por su aspecto fuera del espectro constantemente. Lo único que queremos dejar entrever es que se trata de una discriminación que afecta a todos, está arraigada en el pensamiento colectivo y, como tal, nadie está libre de sufrirla.

Y esta es la razón por la que esperamos que tú, amiga delgada, estés leyendo estas líneas ahora mismo. Porque este libro que habla sobre amor propio, escrito por dos mujeres gordas, intenta ser una herramienta para luchar contra las normas sociales establecidas que nos subyugan a todas.

Porque solo con la revolución del amor propio y luchando de forma colectiva: revelando la opresión, reconociéndola y haciéndola visible podremos liberarnos y dejar de sentir constantemente que nuestros cuerpos no son todo lo delgados que deberían.

La gordofobia está en todas partes

Y como está en todas partes y muchas veces ni somos conscientes de ella, voy a compartir contigo algunas situaciones en las que tal vez vivas la gordofobia. Posiblemente te hayas encontrado en alguna de estas situaciones o incluso tú hayas sido parte activa de ellas hacia alguien. Si es así, no te sientas culpable, simplemente se trata de reconocerla, admitirla y decidir actuar de otra manera la próxima vez.

Vives la gordofobia cuando:

— **Hablan de tu cuerpo para herirte**. A menudo, aquellos que quieren hacerte daño utilizan esas cosas que te hacen sentir vulnerable y el peso siempre estará ahí para ser utilizado en tu contra. Siempre he pensado que las personas que se dedican a insultar a otros, en realidad están lanzando sus propias inseguridades fuera. Posiblemente tienen mucha rabia dentro o algún sentimiento que no saben gestionar y arremeten contra tu parte más vulnerable. No estoy intentando excusar a nadie, el *bullying* es un tema serio, solo quiero que sepas que el problema no es tu peso, el problema lo tiene él. Las gordas felices no interesan… porque el mundo cree que es tan de lo peor estar gorda que no nos entienden. No les cabe en la cabeza que sepamos que nuestra valía es más que una báscula, una talla y que no tenemos que estar esclavizadas intentando encajar en un prototipo al que no pertenecemos.

— **Hacen que comer en público te genere ansiedad**. Si no has vivido esta situación posiblemente ahora mismo estés alucinando, pero muchas personas gordas hemos tenido que enfrentarnos a comentarios como «¿Por qué está comiendo ensalada? ¿Supone que va a adelgazar?» o, si lo que comes es menos sano, «¡No veas cómo se está poniendo! ¡Así está…!». Nadie debería opinar sobre tu alimentación (al menos que sea tu nutricionista, claro) y menos aún sin conocerte. Pero es que la gente gorda solemos encontrarnos en situaciones donde personas totalmente ajenas a nosotros se permiten el lujo de juzgar nuestra alimentación o hábitos de vida. Emitir un juicio o una crítica sin que nadie te lo pida no está bien y no tenemos por qué aceptarlo. Recuerda, tú no eres el saco de boxeo de nadie, así que si alguna vez te sientes observada o sientes que alguien te está juzgando, díselo. Al principio te resultará difícil alzar la voz, porque posiblemente estarás acostumbrada a no hacerlo, pero con el tiempo aprenderás a defenderte tal y como mereces.

— **Presuponen que no estás sana solo por no estar delgada**. Así que se permiten el lujo de hablarte ya no de qué deberías o no comer, sino que dan por hecho, por ejemplo, que no haces ejercicio y el resto de tus indicadores de salud son un desastre. Una de las situaciones donde más frecuentemente vivimos la gordofobia y, posiblemente, una de las más peligrosas es en el médico. Todavía hay un montón de profesionales (por llamarlos de alguna forma) de la salud que no te van a escuchar cuando llegas a su consulta porque ya saben cuál es tu problema: gordura, «Toma una dieta. ¡Siguiente!». Y por causa de esta mala praxis puedes tener dolencias graves que tardan muchísimo en diagnosticarse. Es aquí donde la gordofobia tan arraigada socialmente hace que las personas gordas veamos mermado nuestro acceso a una sanidad de calidad, pues se nos obliga a buscar profesionales que vean más allá del número de nuestro IMC (Índice de Masa Corporal).

— **No encuentras ropa de tu talla**. Entras a una tienda y no encuentras tu talla. Están delimitando los estándares sin siquiera preguntarte. Limitan tu experiencia de compras, quedando relegada a ver cómo tus amigas se prueban ropa mientras tú te quedas fuera de la experiencia... Además, eso suele afectar a tus inseguridades, te preguntas por qué eres diferente, te cuestionas qué fácil sería tu vida si encajases en la norma... Luego llega la culpa, porque crees que si no tienen ropa para ti es porque hay algo mal con tu cuerpo. Tus amigas te dan envidia porque no se dan cuenta de lo fácil que lo tienen en la vida siendo normativas. Pensar en ir de compras te deja una sensación amarga, no lo ves como algo divertido, pasa a ser algo negativo. Así que ahí estás tú, que tienes que reevaluar la situación, pensar que te están discriminando y autoconvencerte de que el problema lo tienen ellos, no tú.

Gordofobia es ir a una entrevista para una tienda de ropa, supermercado, restauración o cualquier trabajo de atención al público y que te pregunten si vas a ser capaz de estar x horas de pie. ¿Usted cree que me presentaría a un trabajo en el que sé que he de estar al pie del cañón si no me siento capaz? No sabéis la alegría que me dio encontrar trabajo en Kiabi después de perder un trabajo en el que llevaba ocho años. Envié el currículum pensando que ni de coña me iban a coger —no tenía experiencia en tiendas de ropa y no cuadraba en la norma de lo que uno encuentra en los dependientes al uso—, pero habíamos hecho una colaboración con ellos y, bueno, pensé que quizá yo encajaría allí. ¡Y sorpresa! Conseguí el trabajo y luego logré ascender. Así que, aunque es cierto que en muchos lugares os tratarán distinto por no tener un cuerpo normativo, no dejéis nunca de luchar por lo que queréis. Una nunca sabe, a veces nosotras mismas nos cortamos las alas y eso sí que ¡NO!

¿La has sufrido?

La sociedad nos pide que seamos pequeñas y que no ocupemos el espacio que merecemos. Las mujeres felices, fuertes, poderosas le resultan incómodas porque ocupamos el espacio que merecemos, no vivimos dobladas por el canon que ella nos impone, somos libres y eso resulta un peligro. Y con las gordas felices y que se quieren pasa un poco lo mismo. La sociedad no nos entiende. Lleva tanto tiempo reiterando que hay algo mal con nuestro cuerpo, que tenemos que adelgazar, que no vamos a tener éxito, que nadie nos va a querer, que no somos atractivas y una infinidad de sandeces más… Hay gente que lo tiene tan interiorizado que cuando nos ve bien, seguras de quienes somos y en paz con nosotras mismas, nos lanza todas esas minas que tiene dentro en forma de insulto u odio. Cuando en realidad lo que está gritando es, «Si esta mujer a la que la sociedad discrimina se ama, ¿qué estoy haciendo mal yo, que soy normativa y no consigo estar en paz con quien soy?».

Todo esto os lo cuento para que leáis con perspectiva las situaciones en las que me he visto envuelta como persona gorda. Para que entendáis desde dónde os hacen esos comentarios y os duelan menos. Porque de verdad pienso que esos comentarios son un reflejo de sus miedos e inseguridades. No dicen nada de la persona que eres TÚ.

Y ahora voy a contaros que yo he sufrido gordofobia en situaciones variopintas que ya no me duelen pero que en su momento no entendía. Y no las entendía porque uno no nace pensando que ser gordo está mal. Te das cuenta por los comentarios de tu alrededor o de los mensajes que te lanzan y poco a poco acabas por creer que pasa algo malo con tu cuerpo, que no eres suficiente, que tienes que cambiar para entrar en el grupo de lo normo-aceptable. Y por ahí no paso, solo tienes que cambiar si es por ti. Si crees que tu salud va a mejorar o lo van a hacer tu autoestima o la percepción de ti misma. Si odias alguna parte de tu cuerpo y de veras crees que ese odio viene de ti, adelante, cámbialo, pide ayuda si no sabes por dónde comenzar o si no te ves capaz. Pero no dejes que la sociedad te obligue a un cambio con el que no te sientes identificada o que no necesitas.

Desde bien pequeña recuerdo a mi padre tocándome la barriga como en un gesto de afecto seguido por un comentario punzante del tipo… «Estás un poco "gordi", ¿no? Tienes que comer menos…». Y no lo entendía porque en casa todos comíamos igual, yo en ese entonces no tenía ni voz ni voto sobre mi nutrición. Eran mis padres quienes decidían qué comíamos, así que no comprendía qué era lo que significaba cuidarme más. Lo que mi cerebro interpretaba era sencillamente que tal como estaba entonces, yo no era suficiente.

Con el tiempo he aprendido que, en el caso de mi familia, seguramente se sentían culpables ya que durante mucho tiempo no tuvieron una posición económica que les permitiese alimentarnos de forma equilibrada. Tampoco tenían tiempo de enseñarnos a amar el deporte ni a ser un ejemplo en eso que ellos llamaban cuidarse más. Y sencillamente he perdonado sus comentarios, ya no me duelen al recordarlos, y eso, chicas, es liberador.

Con mis parejas nunca he tenido problemas, siempre me han aceptado por lo que soy. Os diré que si alguien quiere estar contigo, no es solo que te acepta, si no que ama como eres, sin cambiar nada. El amor sano, tanto por parte de tu pareja como de familia o amigos, no trata de cambiarte. Te ama con tus más y tus menos, tu carácter, cómo te vistes, lo que pesas, lo que sientes. Si te hacen sentir menos o que no eres suficiente... no te aman. Esto es muy duro de digerir, piensa en cuántas personas tienes en tu vida que lo cumplan. Seguramente serán pocas personas, pero para ellas siempre serás suficiente.

Para las familias de mis exparejas yo nunca fui suficiente. No yo como persona, sino mi cuerpo, mi cuerpo no era lo que esperaban que a sus hijos les gustase. Es que la sociedad tiene esa manía de pintar siempre una imagen y todo lo que se sale de ahí... ¡A la hoguera!

Así me sentí por mucho tiempo, culpable por estar gorda, por salirme del canon, por mi forma de vestir, por mis tatuajes, mis *piercings* y mi apariencia en general. De primeras sencillamente no me querían para pareja de sus hijos... Les hacían comentarios del tipo... «¿Pero qué dirá la gente por la calle?», «Pero hijo... ¡está gorda!». Con el tiempo se daban cuenta de que en realidad nos hacíamos felices y no les quedaba otra que *pasar por el aro*. Tengo la suerte de que, cuando empecé a salir con chicos durante la adolescencia, mi familia ya me había curtido bien. Vengo de un pueblo de cinco mil habitantes en el que ser diferente no se contempla. Así que para aquel entonces yo ya no tenía la piel fina y sus opiniones no me importaban lo más mínimo. Si no es tu caso, por favor, pide ayuda. No tenemos que aceptar que nos menosprecien de ninguna forma.

Cómo cambiar tu diálogo interno

Os he hablado un poco sobre mi adolescencia y cómo en ese momento las opiniones de la gente ya me resbalaban, pero no os he contado de qué manera llegué hasta ahí. Voy a tratar de hacerlo lo mejor posible para que tú, que me lees, te creas capaz de llegar a ese mismo punto. Que es lo que buscamos con este libro y con @soycurvy, liberar a las mujeres. Sentimos que llevamos toda la vida con un millón de cadenas colgadas y que hay que trabajar en una misma para ir liberándonos de ellas.

Yo nunca he encajado, siempre me ha gustado la moda, de forma independiente, como algo con lo que divertirme, como forma de expresión. Mi familia era humilde, pasamos algunos periodos en los que recuerdo que no teníamos dinero ni para juguetes ni para ropa. A veces, mis primas por parte de abuela nos traían alguna bolsa de ropa que ya no les servía y lo pasábamos genial probándonosla, para mí era casi como una fiesta. La primera vez que recuerdo ir a una tienda a comprar ropa tendría unos quince años, por entonces ya debía usar más o menos una 44, así que mi primera experiencia fue intentar encajar en unos vaqueros de BERSHKA de la talla 42, la más grande que tenían, porque eran una fantasía y yo estaba emperrada en llevarlos. Me los acabé comprando pero estaba tan incómoda al usarlos… que decidí que no podía ser, tenía que ver si me hacía la ropa o encontrar otras soluciones, pues no quería sentirme incómoda. Cuando estás molesta con las prendas que llevas, te hace sentir insegura y eso se nota en la energía que desprendes. ¿Alguna vez has visto a alguien con un *look* que tú nunca llevarías y has pensado… «¿Cómo se atreve?»?. Ahí tienes la respuesta, es tu propia inseguridad hablando porque esa persona, con ese *look*, se ve divina y no necesita la aprobación de nadie.

Elige todos los días una prenda de tu armario que te guste, puede ser un zapato o un bolso si tienes conflicto con tu armario. Aunque te recomiendo encarecidamente que si tu armario no te gusta, lo renueves en la medida de lo posible. Elige algo que te haga sentir bonita, trata de divertirte con ello y cuando te mires al espejo recuerda que esa prenda te encanta.

Aprendí rapidísimo que pasaba mucho tiempo comparando mi cuerpo con el de otras personas y creyendo firmemente que si fuera delgada me gustaría más. Pero mis benditas amigas de adolescencia supieron mostrar sus inseguridades acerca de su cuerpo, así que me di cuenta de que las chicas delgadas se sentían raras e incómodas igual que yo. Las mujeres delgadas no están conformes con su cuerpo tampoco. La sociedad y el *marketing* alimentan que la mujer cuanto más perfecta, más feliz, más exitosa, mejor marido, carrera y dinero consigue... Esto es un comecocos para que compremos cosas que no necesitamos y que no nos van a hacer más felices.

Cuando sientas que no eres suficiente, no te compares. Elige una parte de ti de la que estés enamorada, tus ojos, tu boca, tus orejas, tus caderas, tu culo, tus pechos... me da igual, y mírate al espejo. Y recuerda que eres suficiente.

Si estás en un punto en el que no encuentras nada de ti que te guste... piensa en lo mucho que hace tu cuerpo (ese cuerpo que odias) por ti. Te lleva andando a todas partes, te ayuda a reírte de ese meme idiota que te han pasado, lo gozas cuando duermes como un tronco, te permite disfrutar de la música, de las caricias, te regala el placer de los orgasmos.

**Piensa en todo lo que hace por ti
tu cuerpo y agradece tenerlo.**

Semana 5

Responsabilízate, eres la creadora de tu vida

Por Raquel

> *La cosa más aterradora es aceptarse*
> *a uno mismo por completo.*
> **C. G. Jung**

Es TU vida, querida

A estas alturas ya habrás caído en la cuenta de que uno de los pasos fundamentales para empezar a caminar por esta senda del amor propio es entender que debes hacerte responsable de tu vida y, con ello, entender que primero debes atenderte a ti misma. Siempre que escucho este tipo de frases tengo un Pepito Grillo que me dice: «Recuerda, ¡está mal ser egoísta!»... aunque un ratito después me doy cuenta de que no se trata de eso: ponerse primero no es ser egoísta, es querer cuidar y ayudar bien a los demás, pero sabiendo que necesitas la energía suficiente para hacerlo.

Me gusta mucho el símil de la máscara de oxígeno del avión: ¡si no te la pones primero, no podrás ayudar a nadie! Pues esto de ponerte primero es igual, si no pasas a responsabilizarte de ti misma y entender que nadie, escúchame bien, NADIE va a venir a sacarte del pozo en el que estás (cada una con una profundidad concreta), no vas a conseguir salir.

79

A veces tendrás que pedir ayuda, ya hablaremos más adelante de ello, porque nos entristece lo poco que se nos anima socialmente a hacerlo, a veces vas a necesitar tomar muchos momentos de impulso (donde parecerá que no avanzas y no haces nada, pero los necesitas para respirar) y muchas veces vas a intentar avanzar para darte cuenta de que estabas con la marcha atrás activada y ahí la ayuda es fundamental.

Me gustaría que cuando termines de leer este capítulo te sientas capaz de cualquier cosa o, al menos, de aquellas cosas que realmente deseas hacer. Porque uno de los males de tener poca autoestima o amor propio suele ser colocarnos en la cola de prioridad de nuestra vida. ¿Recuerdas el concepto del que nos habló Lidia que nos impedía soñar grande? Como nos queremos tan poco, necesitamos la validación externa y, por lo tanto, que el otro nos demuestre que somos mínimamente importantes para él/ella, así que posponemos el cuidarnos a nosotras mismas porque necesitamos que el otro nos quiera. Y esto lo hacemos olvidándonos de que somos valiosas y nos merecemos mucho autoamor.

Además, te tengo una genial noticia: el amor no es como un depósito que se vacía y ya no tienes más, el amor, cuando aprendes a darlo sin esperar nada a cambio y de forma real, se multiplica, tienes para ti y para los demás. Aunque yo siento que la única manera de vivir esa realidad es poniéndote tú primero y decidiendo de forma activa vivir desde el amor, tu amor propio primero.

Los terremotos, a veces, son necesarios

En los últimos años he pasado un par de crisis vitales complicadas, me planteaba cosas como... ¿qué quiero hacer con mi vida? ¿Estoy donde quiero? ¿Las personas que comparten mi vida son personas que me nutren? ¿Este trabajo es para mí? ¿Qué quiero hacer en mi vida?

Y al final acabé dándole un vuelco bastante grande a mi vida: vendí mi empresa, me cambié de casa, cambié mis ritmos, transformé mi profesión, algunas personas (que no me hacían bien) salieron de ella y convertí mi día a día en algo mucho más cercano a mi vida «ideal».

Y te quiero hablar de cómo seguir a tu corazón en vez de hacer siempre lo que deberías. Os lo advierto, a veces soy un poco hippie, voy a hablar de energía, de vibrar, del universo y de fluir, si no te sientes 100 % a gusto dentro una situación, cámbiala hasta que encaje mejor contigo, todo va a ir de encontrar ese lugar donde tú te sientas feliz y puedas llegar a ser y vivir como tú deseas. **Solo tú tienes el poder para hacerlo y solo tú puedes saber qué deseas hacer**.

Como iba diciendo, después de mi supercrisis, la más terremoto de todas las que he tenido en mi vida, por fin he descubierto cuál es mi propósito de vida (se me ponen los vellos de punta al escribir estas líneas, no os digo más) y es: ayudar a que el amor gane un poco más al miedo. ¡Ahí es nada!

Siento que soy feliz cuando consigo que el amor gane al miedo y lo hago:

— Contribuyendo a que las mujeres se sientan bien consigo mismas en @soycurvy.
— Ayudando a que mis clientes consigan enfrentarse al mundo digital sin miedo en mi trabajo como consultora estratégica digital.
— Simplificando cosas difíciles para que mis alumnos las comprendan cuando imparto formaciones.

Y es que siempre que estoy dentro de esta misión de vida soy feliz. El terremoto me hizo darme cuenta de que he venido al mundo a ayudar a que el amor triunfe y siempre que lo logro, aunque sea un poquito, consigo fluir y la alegría se dibuja en mi rostro.

¿Vives desde el amor o desde el miedo?

Estoy firmemente convencida de que podemos decidir vivir desde el miedo o vivir desde el amor, es una decisión 100 %

consciente. Puedes decidir enfrentar todo lo que llega, incluso lo más doloroso, desde el miedo o desde el amor. Y aunque soy muy *hippie* a veces, no estoy hablando de estar feliz con todo y ser una *happyflower* de la vida, estoy hablando de que cuando vienen cosas malas decido subirme al tren del amor donde acepto la realidad, la abrazo y soluciono lo que puedo, pero me niego a seguir en el tren del miedo donde entrar en pánico y sentir que no tengo capacidad de actuar eran la norma. Y tú puedes tomar esa decisión si quieres también.

¡Ya te voy a advertir que, debido a la sociedad en la que vivimos, nos sale automático elegir el miedo y normalmente nos subimos en ese tren sin saber siquiera que lo hemos hecho. El tren del amor requiere voluntad, fundamentalmente, y parar de vez en cuando para ser consciente de que no estás vibrando allí donde tú deseas. Para mí esta es la verdadera revolución: **en un mundo donde siempre quieren que vivamos asustados, odiando nuestros cuerpos, teniendo miedo de todo... yo elijo vivir desde el amor.**

Y, realmente, esa es la verdadera razón por la que @soycurvy existe: porque queremos que el mundo vibre un poco más en el amor y mucho menos en el miedo. El temor a ser diferente, a no ser suficiente, a no parecerme al otro, a que no me quieran o me deseen... todos esos miedos se combaten con grandes dosis de autoamor, de amor propio.

Herramientas para vivir amorosamente

Una de las cosas que más me ha ayudado a conseguir encontrar este propósito y que utilizo cuando me encuentro dentro de la espiral del miedo es la meditación. Porque yo también me dejo llevar por la vida diaria, las noticias, mi alrededor diciéndome que debería no sé qué y no sé cuál y me encuentro sintiéndome mucho más estresada de lo normal, con mucho más miedo a todo. Así que para que esa nube negra de dolor no me alcance, empleo algunas herramientas que para mí son muy poderosas y voy a compartir aquí, por si os ayudan.

No medito todos los días, pero sí que tengo épocas en las que lo hago muchísimo más de corrido. Normalmente, intento empezar el día o acabarlo (si ha sido muy loco) con 10 o 15 minutos dejando la mente relajada y centrándome en respirar.

Si eres de las que piensa que meditar es algo imposible para ti, tengo una buena noticia: meditar es, simplemente, estar presente. No se trata de poner la mente en blanco o conseguir visualizar el nirvana. Meditar solo es parar y observar.

Tú puedes meditar (meditación activa) mientras friegas los platos o das un paseo. Puedes meditar sentándote en postura de flor de loto, encendiendo una vela y con música relajada sin esperar nada más que centrarte en tu respiración. O puedes buscar un instructor que te ayude a encontrar tu técnica preferida de meditación. Todo es válido aquí porque se trata de tu camino, no lo olvides.

Yo me adentré en todo esto de la meditación después de mi primera gran crisis vital: estaba estudiando una carrera universitaria que no amaba y me veía abocada a un mundo del que no deseaba formar parte. Así que empecé a estar muy muy cansada, mi médico de cabecera (desde aquí, si llegas a leer esto, gracias, porque, en gran medida, me salvaste la vida) me advirtió que si seguía así tendríamos que empezar a hablar del síndrome de fatiga crónica o algún trastorno degenerativo, y me sugirió que buscara alguna solución que no pasase por medicamentos y largas horas en hospitales; era suficientemente joven para gestionar lo que me estaba pasando con otras herramientas, así que decidí apostar por el yoga.

(Quiero dejar claro que creo que mi médico hizo este diagnóstico previo para «asustarme» porque intuía que lo que me pasaba era que vivía desbordada de estrés y quería que yo me pusiera las pilas. Este síndrome existe y hace que las personas tengan una muy mala calidad de vida; si estás leyendo esto y lo sufres, te envío toda la energía positiva del mundo).

Así que terminé en clase de yoga con una de mis profesoras favoritas del mundo, en una casa llena de alfombras donde un montón de marujas y yo nos contorsionábamos durante horas y nos quedábamos dormidas al meditar. Y, así, el yoga y la meditación llegaron a mi vida para quedarse para siempre porque son herramientas que llevo muchísimos años utilizando por pura salud mental.

Respecto a las meditaciones, la que más me gusta realizar, sobre todo por las mañanas para enfocar bien el día, es una que se llama METTA y en la que se practica el agradecimiento. Básicamente, se trata de relajarse, llenarse de amor y extenderlo por el mundo (si esto que te cuento te resulta curioso, busca a un meditador experto o investiga en Internet, que hay muchísima gente que lo cuenta mucho mejor que yo).

Primero te concentras en regalarte amor a ti mismo («Que yo tenga felicidad, amor y un buen día. Que yo tenga salud y bienestar. Que yo me desarrolle plenamente»), después en personas que amas, a mí me gusta centrarme uno por uno en una cantidad bastante grande de gente que amo («Que ellos tengan felicidad, amor y un buen día. Que ellos tengan salud y bienestar. Que ellos se desarrollen plenamente»). Más tarde pasas a alguien que no te caiga muy bien («Que tenga felicidad, amor y un buen día. Que tenga salud y bienestar. Que se desarrolle plenamente»). Y luego ya extiendes el amor a todo el mundo («Que ellos tengan felicidad, amor y un buen día. Que ellos tengan salud y bienestar. Que ellos se desarrollen plenamente»).

Si no has meditado nunca, tal vez esto te suene rarísimo, pero si lo has hecho te recomiendo que investigues; de todas las técnicas que conozco para mí es la más potente y me pone en un *mood* de amor que me ayuda muchísimo a afrontar el día.

Encuentra tu «porqué»

Pero volvamos, un poquito, al propósito vital, yo siento que muchos de los males del mundo vienen de que las personas no tienen propósito vital y, como no lo han encontrado, andan buscando algo que les llene y dé sentido a sus vidas. Esperando que una pareja, un hijo, un nuevo proyecto... sea aquello que por fin da sentido a su existencia cuando nada externo lo hará. Porque si algo externo momentáneamente le da sentido a tu vida, le vas a pedir que jamás cambie, que no varíe y pedirle eso a la vida es como pedirle a mi perrito Tofu que sea cachorro de por vida, *spoiler*, eso no va a pasar.

Así que, amigas mías, gran parte de la responsabilidad personal que forma parte de este proceso de amor propio tan liberador pasa por encontrar para qué demonios estás aquí, cómo vas a contribuir al mundo, qué es eso que te hace vibrar, eso en lo que te sientes bien, qué es aquello con lo que fluyes.

Como ya sé que es más sencillo hablar de ello que encontrarlo, te voy a dar alguna pista: búscalo en aquellas cosas o actividades que, mientras las realizas, se te olvida qué hora es, en aquellas tareas en las que acabas llena de energía aunque hayan supuesto un gran esfuerzo... Muy en el fondo tú sabes perfectamente cuál es tu propósito, solo te hace falta revelarlo.

Aquí, a veces, ocurre como cuando hablábamos de las etiquetas y de cómo había una gran cantidad de ellas que ni las habías elegido, ¿recuerdas? Muchas veces, al vivir la vida, empezamos a poner capas de «deberías» y de sueños a cumplir que en realidad no queremos porque son cosas que quieren los demás para nosotros.

Y pasan cosas como que se nos olvida que cuando éramos niños pasábamos horas con los lápices de colores en la mano y se nos hacía de noche dibujando; después estudiamos una carrera, encontramos un trabajo, nos hacemos personas muy ocupadas y tu verdadero ser que necesita expresarse por medio del arte ha quedado relegado al sótano de tu existencia vital: un lugar donde no hay aire, ni luz, ni ningún ser vivo podría sobrevivir.

Y llega un día en el que, a pesar de tener una vida maravillosa, con todo lo que alguien podría desear, te pasarías el día llorando. Pero es que eso, amigas, es quererse muy poquito, es haber permitido que la vida nos engulla y no escucharnos en absoluto. Y aquí hemos venido a vivir, a brillar y a bailar en esta fiesta que es la vida.

La buena noticia es que, aunque estés metida en ese bucle, puedes salir de ahí; la mala es que no va a ser fácil. Muchas veces tendrás que enfrentarte a la opinión ajena (en gran medida personas que te aman y que te recomiendan otra vida con todo el corazón). Otras veces tendrás que cruzar todos los «deberías» que tú misma has construido en tu vida, y la mayoría de las veces, básicamente, necesitarás tirarte a la piscina sin saber si habrá agua suficiente, con el convencimiento personal de que si no hay agua y te haces un chichón, eres más que capaz de curarlo tú solita (si al leer esto crees que no, ya te digo yo que sí, que eres muchísimo más fuerte de lo que te parece).

Cuando estás alineada con quien eres y has trabajado tu amor propio, este enfrentarte a la vida o la sociedad para hacer aquello que deseas no se convierte en una tarea más sencilla, pero sí empiezas a hacer músculo. En el fondo, la vida es un constante entrenamiento para recuperarte cada vez con más rapidez.

La primera vez que tomé una decisión «arriesgada» en mi carrera profesional era una joven que acababa de licenciarse en una de las mejores universidades de España (no fue nada sencillo, pero lo conseguí) en las licenciaturas de Derecho y Economía y había decidido opositar a Inspectora de Hacienda (¿os imagináis?). La decisión de opositora la había tomado yo solita: me parecía una opción adecuada después de mis estudios, pero el verano que tenía que empezar a estudiar tuve una crisis vital: todo parecía ir bien, pero iba muy mal. Yo en realidad me quería dedicar a Internet, hacía meses que tenía un blog y estaban empezando a ocurrir cosas en las redes sociales... ¡Ahí podía existir un camino para mí! Así que me planté delante de mis amados padres y les comenté que iba a dejar la oposición para dedicarme a no sé muy bien qué en Internet.

Este giro en mi carrera profesional no fue más que una decisión tomada desde el corazón, donde algo dentro de mi instinto me decía que la vida de funcionaria no era para mí y sí lo era probar con el mundo digital. Pero era una decisión muy arriesgada, estamos hablando de hace, más o menos, trece años, piénsalo bien, ¡no existía ni Instagram!, pero yo sentía que podía ser mi camino. No me arrepiento ni me he arrepentido jamás de esta decisión, he tenido y tengo una carrera profesional maravillosa en la que descubro miles de cosas cada día y está totalmente alineada conmigo, pero si no llevara montones de años cultivando mi amor propio, tal vez habría optado por seguir el camino preestablecido porque lo otro era una locura fatal.

Pasados los años, mi padre me confesó que cuando se lo conté no creía que pudiera salir bien, que ya volvería al redil, pero que se dio cuenta de que era perfectamente capaz de tomar decisiones y ver por dónde podría crecer a nivel profesional. Reconozco que me sentí súperorgullosa el día que me lo confesó y les doy las gracias por no cortarme nunca las alas, aunque supongan que me voy a pegar un golpetazo. Las personas que nos rodean pueden ser tu cohete o un vagón de carga, yo doy las gracias a mis padres por tener un extra de combustible preparado siempre para mí.

Cree en ti, por encima de todo

Pues a lo que iba, que **amor propio, para mí, también es aceptar que eres quien eres, que tienes unas necesidades, que vibras en un lugar y, aunque el resto de las personas que te rodean no lo vean,** tú vas a apostar por ti. Así que coge ahora mismo los lápices del cajón y vuelve a dibujar, aprende a bailar, cambia de carrera, busca oportunidades… ¡apuesta por ti!

También os digo: tampoco seáis unas locas que lo dejan todo sin un euro en el banco. Crea un plan, empieza a estar más alineada: apúntate a clases de pintura y cuando veas que se te da bien, empieza a vender algo y, cuando ganes suficiente, dejas el trabajo. Que el amor propio también es hacernos la vida más sencilla.

Porque hay que tratarse de forma amable y también simplificarse la vida. Esto es algo que he aprendido en los últimos años: no hace falta elegir siempre el camino difícil. Lo realmente importante es saber exactamente cuál es la meta que deseas conseguir, a dónde quieres ir y empezar a encaminar tu vida hacia ella. No hace falta romper con todo y comenzar de cero en un lugar donde no tienes ayuda (si tú sientes que ese es tu camino, yo te apoyo, pero si no, que sepas que hay alternativas).

A mí me gusta trazar un plan, respondiendo a unas simples preguntas:

¿Me gusta cómo es mi vida actualmente?

Si pudiera cambiar cómo es, ¿qué cambiaría?

¿Cómo me veo el año que viene? ¿Qué puedo hacer para llegar a esa visión?

¿Cómo me veo dentro de 3/5 años? ¿Qué puedo hacer para llegar a esa visión?

¿Cómo me veo dentro de 10? ¿Qué puedo hacer para llegar a esa visión?

También hay un ejercicio que me ayuda mucho a decidir y que es la **rueda de la vida:**

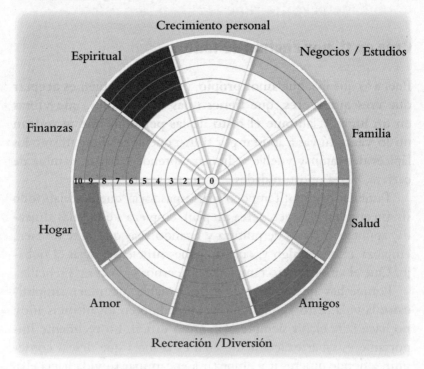

Colocas en una rueda las diferentes áreas de tu vida: profesión, dinero, amor, espiritualidad, crecimiento personal, salud, amistades/vida social, familia, etc.

Y puntúas de 1 a 10 cómo te ves en cada área. De aquí podrás sacar cómo ir mejorando cada una de las áreas de tu vida y podrás guardarla para ver cómo ibas hace un año. Resulta muy interesante consultar las ruedas pasadas para poder entendernos y comprender qué es importante para nosotros. Cuáles son nuestros valores principales y cómo queremos vivir (por ejemplo, puede ser que el área de crecimiento personal esté baja, pero tú te sientas superfeliz pues tal vez es un área a la que no debes dedicar gran esfuerzo o incluso ¡debería salir de tu rueda de la vida!). De esta forma podremos empezar a decidir por nosotras mismas qué deseamos en nuestra vida y qué no.

Amiga, no permitas que te roben tu tiempo

Tengo que reconocer que he tenido momentos en mi vida en los que, aunque hiciera este tipo de ejercicios y cultivase mi amor propio, no me he sentido capaz, y es que creo que hay algunas cosas que nos roban tanta energía que hacen que no seamos capaces de avanzar. Os voy a compartir algunos de los ladrones de energía que yo siento que han retrasado mi crecimiento personal, puede que sientas que a ti también te están robando energía y, si es así, te recomiendo:

1. Ser consciente de que eso es así, reconocerlo por duro que sea.
2. Generar un plan para dejarlos atrás, ya que, en la mayoría de las ocasiones, no va a ser tan sencillo como «Pues lo dejo» porque algunos son verdaderas adicciones, pero ¡tú puedes, preciosa!

Estos son algunos de los ladrones de energía que me han lastrado en mi vida:

— **Las personas que no aportan.** «O aportas o apartas» es una de mis frases favoritas desde hace años… No, en serio, si alguien no está aportando en tu vida y solamente está recibiendo él, es mejor que alejes a esa persona de tu vida. Vas a recuperar muchísima energía, te lo aseguro.

— **Ocuparme en exceso de la vida de los demás y no de la propia.** Estar muy centrada en envidiar en lugar de en crear.

— **Las redes sociales e Internet.** La hiperconectividad llena mi cabeza de ruido (en mi caso es un tema delicado porque forma parte de mi trabajo y he tenido que hacer hasta curas de desconexión, ya hablaremos de ello).

— **Demasiadas horas de entretenimiento** que, en realidad, me estaban anestesiando. Empiezas una serie y te la acabas de una sentada y, en lugar de disfrutar de tu tarde, la has perdido y no has hecho nada y, además, no te sientes más descansada. ¿Te suena?

— **La comida chatarra:** yo, personalmente, he descubierto que los procesados, demasiado azúcar y gluten no le sientan bien a mi cuerpo. Nunca me he dado atracones, pero sí he tenido épocas de acudir al azúcar y los hidratos cual yonqui a su droga favorita. Aprender qué le sienta bien a mi cuerpo es de las mejores cosas que he hecho por mi desarrollo personal.

— **Siempre estar haciendo cosas.** En mi caso he tenido muchos periodos muy largos de no parar, de no tomarme vacaciones, de no tener ni un día libre en meses...
En realidad es un poco igual que el atiborrarse de entretenimiento, te sientes bien porque no estás haciendo nada, pero eres cero productiva. A veces no hacer nada es hacer algo, recargar tus pilas.

— **No tener contacto con la naturaleza.** Desde que me propuse al menos 3/4 días de ir al parque grande con Tofu sin móvil mi vida es muchísimo mejor.

También os advierto una cosa que he detectado en mí: triunfar da miedo, es algo que queremos, pero da miedo porque en nuestra área de confort, donde no hacemos ruido y no somos «nadie» (no lo olvides, ya eres alguien por el mero hecho de existir, querida), vivimos mal pero cómodas.

El otro día hablaba con un muy buen amigo que, además de buenísima persona, es un psicólogo excepcional y me decía que él no cree en la comodidad de la zona de confort —esa en donde uno se encuentra mal y sabe que debería cambiar, porque ahí no se vive bien—, que no es verdad que uno esté cómodo, lo que pasa es que, a veces, no tenemos herramientas o fuerzas o no es el momento para cambiar, pero que todos queremos ser felices y estar bien. Y ¿sabéis qué? Estoy 100 % de acuerdo con él: todos queremos estar mejor y vivir felices, pero la felicidad nos da miedo porque nos recuerda que una vez no estuvimos ahí.

El asunto es que el éxito o que te salgan bien las cosas solo da miedo desde fuera, una vez que estás ahí consiguiendo lo que querías lograr ni se te ocurre mirar atrás para ver el vacío que has dejado. Así que, aunque tú seas de las mías que sienten vértigo a que todo salga bien: hazlo con miedo, da igual, ya nos reiremos de la vez que tuviste miedo a que saliera bien, pero a pesar de eso seguiste adelante.

El «karma», la suerte y el éxito

Yo creo mucho en la ley del karma, pero no en esa idea tan occidental de que si eres malo el universo te va a castigar con tu misma moneda. No, yo estoy convencida de que no puedes recibir aquello que no das. Y si lo único que compartes con el mundo es odio, miedo y rencor, resulta complicado que vayas a recibir amor y éxitos.

La actitud es una de las cosas más importantes a la hora de vivir, ¿recordáis lo de vivir desde el miedo o desde el amor?, pues aquí vamos a aplicarlo: **si pones amor y cariño en todo lo que haces, te alegras de todo el bien ajeno e intentas elegir el lado** bueno de las cosas, no te puedo prometer que no te vayan a pasar cosas malas, pero sí que las que vengan las enfrentarás de la mejor forma posible.

Puede que leas esto en uno de tus peores momentos vitales y tu cabeza responda: ¡qué fácil es decirlo y qué difícil es vivir a veces! Y tal vez te parezcan una sarta de mentiras o creas que esto del pensamiento positivo (¡ojo!, que no he hablado exactamente de ese concepto) es mentira. Yo lo único que te propongo es que te plantees desde dónde vives tu vida y qué quieres conseguir con ella; si quieres ser feliz, vivir en paz y estar tranquila o prefieres vivir asustada, enfadada y luchando constantemente. Te aseguro que si eliges conscientemente la primera opción, ese mero hecho de decidir te va a llevar poco a poco allí donde deseas estar. O al menos eso es lo que me ocurrió a mí.

Volvemos a abrir la caja de herramientas

Por último, quiero compartiros algunos de mis ejercicios o herramientas favoritos para calibrar la brújula para vivir desde el amor, porque yo también me dejo llevar por la corriente del miedo, a veces, y necesito herramientas que me ayuden a recuperar el rumbo.

Como os he comentado, os animo a investigar la meditación, que es un ejercicio superpoderoso; limpiar la mente de ruido hace que seamos más conscientes de dónde estamos centrados y nos demos cuenta del rumbo.

Hacerme preguntas poderosas también ayuda en esta tarea, ya he compartido con vosotros algunas. Coge papel y lápiz, te reto a contestarlas:

— ¿Me gusta cómo es mi vida actualmente? Si pudiera cambiar cómo es: ¿qué cambiaría?

— ¿Cómo me veo el año que viene? ¿Qué puedo hacer para llegar a esa visión?

— ¿Cómo me veo dentro de 3-5 años? ¿Qué puedo hacer para llegar a esa visión?

— ¿Cómo me veo dentro de 10? ¿Qué puedo hacer para llegar a esa visión?

Y aquí vamos a ir un paso más allá: ¿estoy haciendo pequeños cambios o doy pasos hacia ser quien quiero ser?

Por ejemplo, tras mi última crisis vital (tras la cual vendí mi empresa que funcionaba a la perfección y me daba mucho dinero y éxito social) tomé conciencia de que uno de mis objetivos vitales, posiblemente el más importante, era tener paz mental. Así que cada día me pregunto si he gestionado mi día hacia esa paz mental o entré en el bucle del estrés constante donde vivía antes. Obviamente, esto me ayuda a ser consciente y a encaminarme hacia una vida llena de paz (y amor).

Estas preguntas te las puedes hacer junto con la rueda de la vida. Una buena idea es tener un diario de avance personal donde ir recopilando tus ideas y tus avances; siempre podrás volver atrás y descubrir dónde estabas y dónde estás. Porque una cosa que os recomiendo encarecidamente es que escribáis: escríbelo todo y luego, cuando pasen años, vuelve atrás. Porque la mente nos engaña y nos dice que no hemos avanzado nada, que estamos igual, pero cuando lo hemos dejado escrito, podemos descubrir la verdad. Siempre avanzas, la cuestión es si lo haces hacia donde tú deseas o hacia donde te lleva la corriente.

Y por último, os voy a recomendar un libro y uno de sus ejercicios. Hace unos años cayó en mis manos una copia del *Diario del Artista*, de Julia Cameron, no recuerdo ni quién me lo recomendó, ni dónde lo compré … ¡cómo es la mente a veces! La cuestión es que se ha convertido en uno de mis libros de consulta preferidos y hay épocas en las que hago sus ejercicios de forma más o menos constante.

Se trata de un diario que debes llevar durante 12 semanas y en donde te vas enfrentando a los diferentes miedos que uno tiene a la hora de expresar su arte con el mundo. Julia es experta en recuperación de artistas que están atorados o no son capaces de crear. A través de reflexiones y ejercicios vas enfrentando los distintos miedos que un artista tiene a la hora de enfrentarse a la hoja en blanco (todos nos enfrentamos a ello constantemente, o sea que sirve para cualquiera en realidad). El asunto es que de este libro he sacado uno de los ejercicios más poderosos que utilizo cada día: LAS PÁGINAS MAÑANERAS.

Simplemente, cada mañana antes de ponerme en marcha, cojo un diario y escribo de manera automática, durante unas tres páginas, todo lo que está en mi cabeza, mi basura mental, a veces, mis sueños locos, otras… todo lo que tengo dentro. Es un ejercicio de limpieza mental. Lo que te preocupa se queda en el papel, muchas veces las ideas se ordenan ahí también (estoy convencida de que gran parte de este libro se escribió en ellas). Son páginas que no tienes por qué volver a leer, es más, yo no las repaso, y que sirven para disminuir el ruido. Si las probáis, quiero mensajes en las redes sobre ellas porque ¡este ejercicio hay que compartirlo con el mundo!

Pues lo dicho: que tu vida es tuya y que si no sabes qué quieres pues no vas a avanzar hacia ello nunca jamás. La actitud es clave para ser feliz, aunque a veces la vida nos lo ponga difícil, y necesitas herramientas para avanzar tranquila (o ayuda, pero de eso ya hablaremos en otro capítulo).

Eres demasiado maravillosa como para desperdiciarla viviendo la vida que otros crearon para ti; sal ahí fuera y disfruta de tu vida, que esta vida es un baile, preciosa.

Tú eres la dueña de tu vida y la que decide cómo vivirla y desde dónde. Y no hay ejercicio de amor propio más poderoso que decidir ser libre del pasado, del futuro y de la opinión de otro.

Semana 6

No te quedes callada. La familia

Por Lidia

> *Atiéndete a ti mismo de la misma manera*
> *que atiendes a tus flores. Sé amable, cuidadoso,*
> *permanece vibrante y florece sin vergüenza.*
> **Minaa B**

Tú no eres tu familia

En este capítulo me gustaría hablaros sobre el silencio. Siento que muchas veces nos callamos por miedo al qué dirán, pensando siempre en los demás, específicamente en la opinión que tienen sobre nosotras. Y ojalá nos educaran para mostrar nuestra autenticidad, confiar en nuestra intuición y no tener miedo a ser quienes somos. El ser humano está en constante cambio, las experiencias que vivimos nos hacen configurarnos en el ahora. Por eso es importante reflexionar y hablar sobre cualquier tema que se te pase por la cabeza. Cuestionar te ayuda a llegar a lugares donde el silencio no llega.

A lo largo de este libro ya os he dado unas pinceladas de lo que era o es mi familia y mi experiencia con ellos. Lo primero que voy a deciros es que la familia es un concepto. Como todos los conceptos, puede evolucionar, no es una verdad absoluta ni existe solamente una versión del concepto familia.

Solemos designar como familia a las personas que forman una unidad de convivencia y que además tienen cierto grado de parentesco. Generalmente, se forman por una pareja, se suman los hijos que tienen, sus padres y sus hermanos. Nos inculcan también que la familia debe ser nuestra prioridad, a quererlos y respetarlos. Yo vengo a decirte que tener una red de apoyo es sumamente importante porque somos criaturas sociales, al fin y al cabo. Queremos sentir que formamos parte de algo mayor, sentirnos aceptados, queridos y valiosos para nuestra manada.

En mi opinión lo que no nos enseñan es a tratarlos como individuos, además de tu padre, tu madre, tu hermana, además de ese título, son personas. Lo primero y más importante es que tú, además del título de hija, también eres persona. Nos cuesta mucho diferenciar nuestros deberes como hijas de los que tenemos como personas y lo mismo con cada miembro de nuestra familia.

Lo que quiero decir es que **tú no eres tu familia**. No tienes que parecerte a ellos, ni seguir su camino, ni pensar igual que ellos, no tienes por qué seguir sus consejos, ni hacer o deshacer con miedo a lo que piensen de ti. Si el amor que sienten por ti es sincero, te querrán, independientemente de si te pareces más o menos a ellos o de si cumples sus expectativas.

Cuando tu familia no te comprende ni te apoya te sientes muy solo y a veces intentas encajar con ellos para recuperar esa compañía. Yo nunca me he sentido comprendida o acompañada por ellos en la vida, pero esto únicamente ha hecho que me buscase las castañas de forma distinta. Creo que me ha hecho luchar con un poco más de ganas por lo que yo quería. Aunque la solución más fácil hubiera sido hacerles caso y sucumbir a lo que ellos opinaban que era lo mejor para mí. No es que lo hicieran a malas ¿eh?, sencillamente ellos no tienen los mismos objetivos que yo. Son personas totalmente distintas con necesidades y valores diferentes.

A veces la mejor familia y la que más te comprende es la que vas formando según vas caminando por la vida. En mi caso siempre he sido una persona algo desapegada, bastante independiente, aun así siempre hay seres humanos con los que conectas de tal modo que pasan a formar parte de tu vida. No es que tengas que tener una escala de quién es más o menos importante, las relaciones hay que regarlas y cuidarlas para que florezcan, como esa jungla de plantas que tienes en el salón. Las relaciones requieren mucho trabajo, comunicación abierta en ambas direcciones, saber escuchar y reflexionar.

Si no lo comunicas, no existe

Hablemos sobre comunicación. Existen muchas formas de comunicarse, por eso la importancia de usar tu voz para decir lo que piensas. Si no comunicas eso que estás pensando... para los demás no existe. Te pongo como ejemplo un comentario que todas las gordas hemos recibido alguna vez... Te miran entera y te dicen... «¡Qué guapa eres de cara!». Estoy segura de que os ha pasado a muchas. Bien, hay varias formas de reaccionar a un comentario sobre tu físico que no has pedido:

Sonreír y hacer como que la cosa no va contigo. La persona opina que en realidad te ha hecho un cumplido y tú lo has tomado como un halago. El problema que yo veo en esta reacción es que si le sonríes, te ahorras el momento incómodo, pero por dentro te quedas creyendo que su comentario implica que de ti lo único que es bonito es tu cara. Y después de darle un par de vueltas el comentario te enfurece, te da rabia o incluso le crees y reafirmas que tu cuerpo está mal. Yo en esta reacción solo veo frustración a futuro. Entiendo que si la persona es alguien ajeno a tu entorno y al que nunca más vas a ver, no quieras entrar en conflicto. Pero si el que lo hace es algún amigo o familiar, es mejor atajar el conflicto y evitar que la situación se repita. Ojo, que lo digo muy fresca, pero a mí me cuesta lo mío pararles los pies cuando sueltan algún comentario de este tipo.

La reacción menos cómoda es decirle amablemente a la persona que no le has pedido opinión. Explicarle lo que su comentario te hace pensar y sentir y hacerle entender que una opinión no requerida no suele ser bienvenida. Sé que esto es muy difícil, pero si cuando alguien comenta sobre tu cuerpo, te callas, la persona no entiende que te está haciendo daño. Es así de simple. ¿De verdad opinan que «lo están haciendo por tu bien» o que es un halago y que deberías darles las gracias?

Pasar de todo, que el comentario, la persona que te lo hace y todo te dé igual. Si de veras no te produce ningún dolor ni frustración, entonces es genial. No pierdas tiempo ni energía educando.

Partiendo de la base de que nadie es perfecto, proyectar sobre esa persona lo que esperas sin comunicarlo te lleva a un estado de frustración constante. Proyectar en ambos sentidos, quizá tú estás pensando, «¡Joder!, ¿cómo no se dan cuenta de que sus comentarios solo me minan la autoestima?» y, por otra parte, ellos están pensando «Quizá con este comentario despierta, cambia y ¡así encaja!».

Todo lo que callas, esas frases que te han sentado mal, las críticas que no has pedido, los falsos halagos, los comentarios sobre si estás más guapa o más delgada… Saca tu fuerza y para esos comentarios. Es un conflicto que te va a ayudar a sanar tu relación con la persona que lo lanza, pero más importante, te ayuda a no acumular frustraciones.

Ahora quiero que hablemos sobre cómo enfrentarte a las sensaciones que te producen los comentarios ajenos hacia ti. Normalmente, cuando alguien hace un comentario hacia nosotras, si lo hace con malicia busca nuestro punto débil, eso en lo que te diferencias de los demás. No tiene por qué ser algo negativo, puede ser que tengas pecas, lleves gafas, tu estilo es distinto, eres alto, bajo, gordo, flaco… podría poner mil ejemplos. La persona que insulta (que suele ser alguien que te ha observado bien) sabe que lo que te hace distinto a veces también nos hace sentir inseguros y atacan por ahí, donde creen que más duele. Lo que nos hace distintos, en mi opinión, es parte de nuestro encanto, convertir eso que nos hace diferentes en fortaleza puede resultar difícil pero es muy gratificante. Entender y amar esas pequeñas cosas que te diferencian del resto te hará la vida más fácil.

A los quince años empecé a llevar gafas porque no veía de lejos, en vez de pensar que mis compañeros de clase me iban a hacer la vida imposible, lo tomé como algo guay que yo tenía y los demás no. Un accesorio más.

Opino que es importante aprender un poco sobre nosotros mismos. Preguntarnos por qué nos molesta ese comentario y otro no. Cuál es el motivo de sentirnos heridos. De adolescente recuerdo que cuando alguien me gritaba «¡Gorda!» en la escuela, que solían ser todo niños que me conocían, cuando se metían conmigo me molestaba muchísimo. Pues no entendía qué les había hecho yo para recibir ese odio de su parte. Eso me hacía sentir mucha impotencia, no entendía a qué venía tanto odio, siendo todos compañeros. A veces siento que reflexionando o enfrentando un poco lo que nos producen esos comentarios, aprendemos mucho de nosotros mismos. También de la persona que los lanza, saber por qué me hieren o me hacen daño me hace recuperar el control de la situación y ponerle solución si creo que la necesita. Puedo empezar a construir y cambiar cosas.

De esta forma, cuando alguien me grita «¡Gorda!», por la calle, más allá de indignarme —ya que me parece una falta de respeto enorme...—, no le doy más importancia, eso no va a cambiar el rumbo de mi día. Lo tomo como si alguien me gritara, «¡Eh tú, la tatuada!». No conozco a esa persona y esa persona no sabe tampoco nada de mí, solo lo visualmente evidente, que estoy gorda. Responder con insultos nunca me ha parecido solución, no tiene sentido ponerse a su altura, sobre todo porque esa atención es lo que están buscando. **Si alguien necesita insultarte para sentirse bien... el problema es suyo.** No voy a desperdiciar energía en alguien así, que tiene esos valores. Salen a la luz muchos sentimientos que tenemos muy silenciados, nos han enseñado que es normal que las personas nos insulten, que es correcto que alguien te critique, la crítica está tan normalizada, se aplaude incluso en algunos programas. Pienso que cuando nos damos cuenta de esto, nuestra cabeza hace un clic y poco a poco recuperamos el control de lo que nos afecta y lo que no. **Cuando empiezas a trabajar en tu amor propio, la mitad del trabajo es aprender a decir basta, esto no tengo por qué aceptarlo, no lo merezco.**

Establecer límites

Quiero compartir contigo algunas cosas que me han servido para establecer límites.

Establecer límites es parte importante de nuestra identidad, de nuestra paz mental y nuestro bienestar. Los límites pueden ser físicos o emocionales, estrictos o suaves, con aquello en lo que tú te sientas cómoda. Para mí los límites son el espacio que hay donde terminas tú y empieza la otra persona. Y lo ideal es buscar siempre un equilibrio entre ambos, aunque cuando eso no es posible yo siempre barro para casa, ya que pienso que es importante que nos pongamos siempre primero. Os voy a contar una historia que me hizo entender qué sacaba yo estableciendo límites.

Estuve trabajando muchísimo tiempo para un joyero en Barcelona, esmaltando joyas y engarzando las piedras. Al principio, como no sabía lo que hacía y literalmente tenía que aprender una profesión, no hacía ocho horas, me tiraba ahí a veces hasta diez horas; mi jefe me decía que no podía irme hasta terminar el trabajo y por entonces yo era tan tonta que agachaba la cabeza y me quedaba lo que hiciese falta. Con el tiempo aprendí a hacer mi trabajo en tiempo, pero entonces él me pedía más piezas por día y así durante tres años. Hasta que un día me dije que ya no podía más. Estaba tan segura de lo que hacía, de que estaba haciendo un buen trabajo y de que los resultados eran mejores que al comienzo, que a partir de ese día dije basta. Se estaban aprovechando de mí para seguir pagando lo mismo y sacar casi el doble de producción. Hablé con mi jefe y le dije que si tan mal veía lo que yo hacía, que contratase a otra persona, pues estaba segura de que mi trabajo era impecable y que nadie iba a hacerlo con la misma fluidez y los mismos resultados. Y a partir de ese día empecé a ir a trabajar en paz, sin dudas ni miedos y con una hora de entrada y otra de salida. Chicas, qué instante más monumental y tan necesario para mi bienestar. En ese momento entendí que marcar límites es saludable y desde entonces no he parado.

La empatía juega un papel muy importante cuando pretendemos establecer límites, necesitamos ponernos en el lugar del otro para hacerlo de la mejor forma posible.

De manera que si por ejemplo alguien pasa por tu casa en un momento en el que tú estás liada haciendo algo importante, te sientas con suficiente confianza y con delicadeza le hagas entender a la otra persona que puede quedarse solo un rato porque tu prioridad ahora es terminar esa tarea. Si le explicas a la persona que necesitas terminar x tarea y que por eso no le puedes dedicar más tiempo, te ahorras que la otra persona se sienta rechazada, lo cual es bueno para ambas, tú estableces tus prioridades y la otra persona, que lo sabe, los acepta.

Sé honesta contigo misma y también con tu alrededor. Yo soy una de esas personas que no sabe decir que no. De manual, vamos, siempre digo que sí. A una cita, unas fotos, un proyecto, ir a algún lugar, etc. Es algo en lo que a día de hoy sigo trabajando. Trabajar el decir que no es también una forma de cuidar de ti misma y priorizar. Durante el tiempo en que estamos escribiendo este libro mi vida está siendo caótica, así que he tenido que establecer límites incluso conmigo misma. Unas horas a la semana o incluso días, porque el proceso de escribir para mí no es natural, en los que si alguien me pregunta si tengo tiempo, les digo que no, que estoy escribiendo y que si no lo tomo como un trabajo, esto no va a salir adelante. La mayoría lo entiende y, honestamente, el que no te entiende no te quiere bien. Ser mejor amigo, hijo, pareja o incluso mejor persona no depende de la disponibilidad que tengas, sino de la relación en sí que establezcas con esa persona.

La primera cosa en la que necesité trabajar fue en identificar qué era lo que yo necesitaba, en los dos ejemplos que os he dado. Tenía una situación que me desbordaba, que me ponía triste y que me ralentizaba, y quería solucionarla. Identificar tus necesidades y comunicarlas es parte de este proceso. Si no te sientes segura, escribe en un papel qué situaciones te incomodan: pueden ser algunas en las que alguien te pide más de lo que puedes dar, alguna cosa relacionada con el trabajo como no sentirte valorada, o incluso tener tiempo para ti. Escríbelas en un cuaderno y trata de pensar idealmente cómo te gustaría resolver esa situación. Es probable que este ejercicio te dé al menos claridad en tus necesidades, en las situaciones que te crean ansiedad o estrés, lo que forma paso de este primer paso: conocer tus necesidades.

Yo siempre he sido muy directa y honesta con las personas. Pero conforme me he desarrollado como persona he ido puliendo la forma en la que me comunico. Quiero decir que no es lo mismo decir: «**Para de molestarme cuando llego a casa**» que decir; «**Necesito espacio para mí cuando llego a casa**». Sin explicaciones, con esto no quiero deciros que tengáis que dar explicaciones porque no es necesario, pero el poder de la comunicación y la empatía está en nuestras manos.

Si te pones en el lugar de la persona a la que le estás diciendo lo que necesitas y comparas los dos mensajes, te darás cuenta de que no reaccionarías de igual forma en ambos casos. Y lo maravilloso es que en realidad estás comunicando lo mismo, así que piensa primero cómo vas a comunicar tu necesidad de una forma responsable para con el otro. Si te resulta más fácil puedes escribir en ese mismo cuaderno algunas frases que te vayan a ser útiles, que te den el empujón de lo ensayado para empezar a establecer límites.

El miedo al rechazo, a no hacer siempre lo que tu alrededor quiere o espera de ti, es algo que personalmente, como alguien que no sabe decir que no..., me ha costado mucho superar. Me daba miedo el rechazo provocado por mi no disponibilidad. Así que trataba siempre de agradar a todo el mundo, lo que me hacía sentir exhausta, como que me robaba la energía. De esto me di cuenta el último año de relación con mi expareja (vamos a llamarle X, que ya sabéis que no somos muy de contar nuestra vida privada; los ejemplos solo os los pongo para que seáis conscientes de que el camino es largo y que uno se va dando cuenta de lo que necesita de distintas formas).

No hay únicamente una manera de llegar a amarte, hay mil, nada más tienes que encontrar la que te va mejor. El caso es que cambié de trabajo por circunstancias de la vida, nuevo trabajo, nuevos compañeros, horarios... Lo que más cambió en esa época es que dejé de trabajar de lunes a viernes y que tenía turnos rotativos, así que mis horarios eran muy locos. Además, trabajaba de pie, algo que al principio se hacía durísimo. Bueno, empecé a llegar siempre cansadísima, sin muchas ganas de hacer nada, y nada más descansar, me encontraba que tenía que cocinar y limpiar porque él no se había encargado de hacer nada. Y además de no hacer nada, se enfadaba cada vez que había algún evento al que me invitaban a mí y al que él quería ir y yo cancelaba porque la vida y el cansancio me superaban. En esos momentos caí en la cuenta de que era la cuidadora en la relación y que cuando yo necesitaba que las tornas cambiasen, sencillamente, no pasaba, él no estaba ahí para mí. Así que me sentí muy sola y encima culpable por no llegar a todo. Pero después de mucho reflexionar me he dado cuenta de que sencillamente X no me quería bien, era un niño mimado que solo era capaz de mirarse al ombligo. La relación obviamente se fue a la mierda después de muchos años y menos mal, porque no me hacía bien.

Alguien que no es capaz de empatizar con tus necesidades y ayudarte cuando lo necesitas no merece estar en tu vida, ni como amigo, ni amante, ni de ninguna forma. Lo bueno es que de X aprendí lo que no quiero en una pareja, así que eso que me llevo: un poco más de aprendizaje de lo que quiero de un compañero y lo que os vengo diciendo, priorizar mi bienestar por encima de los demás; ser muy honesta con mis necesidades y dejar de lado el miedo a no gustar. Gustar a las personas no tiene ningún valor si no lo consigues siendo tú misma, con tus necesidades, con tus defectos, tus imperfecciones. Esas pequeñas cosas son las que te hacen única; si alguien no las valora, no es tu problema.

Límites físicos

Existen también los límites físicos referentes al espacio personal y al contacto físico. Conocer con qué contacto físico estás cómoda es crucial, puesto que así será más fácil instaurarlo y no sentirte incómoda en ningún momento. Por ejemplo, con la COVID-19 nos ha pasado que de repente no nos gusta besar a todo el mundo ni que las personas se acerquen tanto, y este cambio está bien. Solo hay que decirlo para que a la otra persona le sea fácil entenderlo y respetarlo.

Tengo varios amigos que no son de dar abrazos ni besos, otros, en cambio, son superexpresivos y te abrazan todo el rato. Lo que quiero decir es que conocerte es importante y comunicarlo te ahorrará un montón de malos ratos.

Tuve una cita malísima en la que el tipo no respetaba mi espacio personal aun explicándole claramente que me dejase espacio, y lo pasé fatal. Siempre que me da pereza establecer límites (porque me preocupa qué va a pensar la otra persona, en plan «Qué tía más borde») pienso en esa cita, y ojalá le hubiera dejado plantado antes. Por educación me comí una cena incomodísima con alguien que claramente no me respetaba. De los errores se aprende, así que piensa qué situaciones te incomodan en cuanto a contacto y escribe cómo te gustaría que se desarrollaran. Te hará ser más consciente de cuáles son tus límites en este aspecto.

Respetar al otro y sus pensamientos está también ligado a los límites. Respetar las ideas de otras personas, no hacerlas de menos, considerarlas, discutir sobre ellas de una forma sana. No estás respetando a alguien cuando descartas sus ideas o las menosprecias. Sé que eso pasa a menudo, como mujer he vivido muchas veces que se descarten mis ideas y se infantilizan. Pero ahí estamos para alzar la voz y decir: «Oye, no estás respetando lo que opino y eso no es correcto independientemente de cuáles sean tus ideas o creencias».

El caso es que me gustaría que con estos ejemplos os quedase claro que uno puede, si se conoce lo suficiente, establecer límites en todos los aspectos de su vida, físicos, emocionales, sexuales, materiales, etc. Que hacerlo es sano y que estoy segura de que os aportará salud mental.

Aprende a decir que no

Después de descubrir cuáles son los límites en los que tienes que trabajar, vamos con algo que llevo trabajando mucho tiempo: ya os he contado que mi debilidad es que siempre digo que sí. Soy una de esas personas que no sabe decir que no. Así que aquí va una tabla que espero que te ayude a comunicar lo que necesitas. Esto es solo un puñado de ejemplos que espero te sirvan como empujón, porque sé que a veces estamos tan metidos en nuestros pensamientos que se nos olvida cómo comunicar lo que pensamos.

Pasos	Respuestas
Empieza diciendo algo que haga referencia a lo que te han pedido y que lo aprecias.	*Gracias por decírmelo, pero...* *Gracias por invitarme, pero...* *Me encantaría, pero...* *Gracias por preguntar, pero...*
Rechaza.	*No.* *No, lo siento.* *No, gracias.* *No puedo.*
Acaba contando algún detalle sobre tu decisión.	*Preferiría...* *Tengo planes o cosas que hacer...* *No voy a...*
Sugiere una alternativa (solo si la negativa es porque en ese momento no quieres/puedes y te apetece el plan en otro momento).	*¿Qué tal... eso?* *¿Podríamos probar esto otro?* *En vez de esto... ¿podemos hacer eso otro?*

Esta tabla es solo algo que he visto que se repite en Internet de la que sencillamente quiero que saquéis herramientas para decir que no. Porque a mí me hubiera venido genial tener un par de estas ensayadas. Como os conté antes, decir que no me cuesta horrores. Pero con el tiempo me he dado cuenta de que es sano para mí y también para los demás el que aprenda a establecer prioridades y hacer las paces con que mis prioridades y las de los demás no tengan nada que ver.

A base de noes y síes se va formando tu identidad, por eso es tan importante hacerse preguntas constantemente. Las personas estamos siempre en constante evolución, lo que hace que nuestras necesidades cambien y se modifiquen con el tiempo. Creedme cuando os digo que os puede costar al principio, pero que enseguida le vais a pillar el truco a esto de decir no. ¡Un gustazo, chicas!

Estar en sintonía contigo misma es establecer esas necesidades, conocer qué es lo que quieres, cuál es tu estilo, amarte aunque estés en conflicto, y decir basta cuando sea necesario.

Semana 7

Conecta con tu cuerpo. El movimiento y el movimiento No dieta

Por Raquel

> *Ser dueño de nuestras historias y amarnos*
> *a nosotros mismos a través de ese proceso*
> *es lo más valiente que jamás haremos.*
> **Brené Brown**

Reconecta y mueve tu «cucu»

Ya hemos hablado a lo largo de estas páginas de que una de las cosas que más percibimos que nos ocurren a las personas que estamos peleadas con nuestro cuerpo es la desconexión corporal. Sentimos que como el cuerpo que habitamos no es el «correcto», lo ignoramos hasta sentir que no somos nosotros, algo externo. Mi cuerpo no soy yo, y así tiendes a dejar de ocuparte de él.

Tengo una amiga muy querida que tiene un TCA que arrastra desde la adolescencia y me contaba un día que ella no sentía dolor. Cuando se puso a tratar su trastorno se dio cuenta de que sí lo sentía, pero no le estaba haciendo caso, había omitido tanto su cuerpo que dejó de sentirlo.

Pero es que tú eres tu cuerpo y este es el vehículo que vas a tener contigo el resto de tu vida quieras o no. Podrás conseguir que sea más delgado, más musculoso, que esas tetas planas o ese culo carpeta mejoren en un quirófano o lo que quieras hacer con él..., pero seguirá siendo tu cuerpo.

Y es que en este capítulo queremos que te reconcilies con él y empieces a quererlo bien. Porque querer bien a tu cuerpo es moverlo y es nutrirlo con los mejores alimentos que puedas encontrar. Es mimarlo cada día y es agradecerle todas las cosas maravillosas que hace por ti.

En resumen: este es tu cuerpo, es el único que tienes y deberías mover más el culo porque hay que oxigenarlo para que no se quede viejo antes de tiempo, pero vamos a desarrollar estas ideas, que no te veo convencida del todo.

El amor propio te hace mover (el culo)

Ahora que ya llevamos unos cuantos capítulos espero haberte hecho entender que nuestro camino de reconexión corporal es, en realidad, un camino de amor propio. Por eso, entenderás por qué, aunque seguimos sin amar profundamente eso de hacer deporte, lo hacemos de forma más o menos regular. **Nos amamos tanto y todo aquello que somos, que parece imposible no hacerlo moviendo el culo de manera más o menos regular.**

Uno de los objetivos de este capítulo es que dejes de hacer deporte para adelgazar o porque deberías y te convenzas de que quieres hacerlo para cuidarte. Pero no porque todo el mundo recomienda que hay que hacer 10.000 pasos al día o porque tu vecina te ha dicho que te apuntes al gimnasio para perder grasa del brazo, no, sino porque realmente es algo que deseas hacer. Porque sabes que, aunque te cuesta, le hace bien a tu cuerpo y a tu mente.

Mi relación con esto del deporte, he de reconocer, es la típica de una mujer gorda: como tienes un cuerpo algo más grande de la media te cuesta moverlo más cada vez, así que lo dejas para otro día y acabas por no moverte nada.

Recuerdo las clases de gimnasia como un infierno, porque nadie me animaba a moverme. Solo se esperaba de mí que consiguiera metas que no estaban adaptadas ni a mi cuerpo ni a mis intereses. Si bien nos enseñaron un montón de deportes que nos podrían gustar: atletismo, fútbol, escalada, esgrima…, nunca nadie me preguntó qué me gustaba, ni me mostraron el ejercicio físico como un juego bueno para mi salud corporal.

Este es uno de los motivos por los que creo que el ejercicio no le gusta a la gente gorda o grande, porque no está adaptado a ellos. Ya os conté que descubrí el yoga en plena crisis vital y que para mí es algo mucho más espiritual que corporal, pero reconozco que mi aproximación fue posible porque en lugar de optar por la típica clase de yoga de gimnasio donde todo el mundo parece un contorsionista y te sientes inútil al hacer todas las *asanas*, yo iba a clase con un montón de señoras y algún señor que no se llegaban con las manos a la punta de los pies. Y esto me dio un espacio seguro donde no pasaba nada si mi barriga interfería en la postura, porque a todo el mundo se le adaptan las posturas constantemente.

Porque, amigas, en yoga, y en muchos otros deportes, no tienes que provocarte una hernia discal intentando hacer una postura si tu cuerpo no da. Tu profesor tiene que ser lo suficientemente bueno como para adaptar el ejercicio a tu cuerpo, sea el que sea. Con ayuda de cojines, sillas, modificaciones o simplemente aceptando tus limitaciones físicas. Ahora, con estas adaptaciones, tus clases serán una delicia. Te vas a mover, te va a doler el cuerpo de hacer ejercicio, vas a tener agujetas, pero no vas a sentir que tu cuerpo, con sus condiciones, es suficiente, y volverás a disfrutar de hacer ejercicio.

En busca de lugares seguros

Y es que esto es algo que siempre me ha dado rabia del deporte, algo que va más allá de estar gordo o no: es difícil encontrar lugares donde se adapte la actividad física a la persona que todavía no está en forma o entrena de forma regular. Y es importante interiorizar esto: no es que seas un desastre o no se te dé bien el deporte, es que NO ENTRENAS. Como llevas años sin moverte, te va a costar coger hábitos, empezar a dejar de sufrir en los entrenamientos y disfrutar de ese ratito donde le pides al cuerpo que se mueva más.

Y también es crucial entender que vas a tener que buscar un sitio donde eso se respete, donde se tenga en cuenta que vas a tener que ir poco a poco y la actividad se va a tener que adaptar. Incluso que tú misma lo aceptes, porque es la típica escena de 1 de enero: «¡Este año me pongo en forma!», y te compras el traje con todos los complementos y el 7 de enero (que había que esperar hasta Reyes) pues sales a correr, aunque haga 20 años que no lo haces, y te haces 10 km. Vuelves a casa exhausta, pero superorgullosa, y el 8 de enero ¡no te puedes mover! Posiblemente, ahí acabe tu vuelta a la rutina *healthy*, ¿verdad?

Pues vamos a ser inteligentes: empieza poco a poco, sin prisa pero sin pausa. Si no te mueves casi nada, eres de los que va en coche a todos lados, ni se te ocurre no coger el ascensor..., ¿qué te parece que empieces por eso mismo? Comprométete contigo mismo para ir a todos lados andando y no volver a coger el ascensor, ¡aunque vayas cargado y tengas que parar a respirar! Así, de forma tan sencilla, has empezado a moverte. Porque el movimiento no son largas horas de entrenamiento y acabar hecho una bayeta Vileda (de lo sudado).

El movimiento es entender que tienes que empezar a utilizar ese cuerpo maravilloso que tienes para hacer las cosas normales de la vida y que no puedes permitirte envejecer sin moverlo de manera constante.

Si me sigues por redes sociales ya sabes que hablo mucho de mis padres y, en concreto, hago algunas referencias a su edad: mis padres tienen ahora mismo 81 y 70 años, ahí es nada, y van dos veces a la semana a la piscina (entre 45 minutos y una hora), dan al menos un paseo diario de una hora y mi madre se ha vuelto una yogui *amateur*. No han llegado a esta edad con esta actividad física de la nada: siempre fue habitual en casa que no se cogiera el coche y que no se subiera en ascensor, papá siempre iba en bici a su trabajo y las actividades que contenían actividad física eran más o menos constantes en casa. Si los vierais no creeríais que tienen esa edad, y yo estoy convencida de que en parte es gracias a su actividad física. Además, si hablarais con ellos os dirían que lo hacen por vivir más y mejor, no por adelgazar o por estar *healthy* o cualquier patochada de estas que repetimos los jóvenes.

Y es que, amigas, el tiempo pasa para todos, y o empiezas a aumentar el movimiento hoy, o te vas a encontrar con una factura muy cara en el futuro. ¡Piénsatelo!

Moverse para adelgazar

Y ahora abramos el melón: hacer deporte para adelgazar. Lo primero, se adelgaza porque se quema la grasa (si tienes) y la grasa se transforma en energía, que tu cuerpo utiliza para sus procesos naturales, expulsando el sobrante a través del CO_2 (al menos el 84 % de la grasa que se quema es exhalada en forma de CO_2 a través de los pulmones). Así que por muchos abdominales que hagas no te vas a quedar sin barriga. Te quedarás con unos músculos abdominales fuertes que te sujetan bien el cuerpo, pero lo de la barriga es más de perder el porcentaje graso general que otra cosa.

Lo segundo, hacer deporte para adelgazar es como que una razón muy poco contundente que vas a abandonar muy pronto. Porque aunque tú crees que quieres adelgazar (que seguro que sí), en realidad quieres más sentarte en el sofá toda la tarde. Si piensas que no, imagina uno de esos días horribles que hayas trabajado un montón y estés hecho trizas... ¡Te pillé!

Lo tercero, y no por ello menos importante, es que todos deberíamos interiorizar que necesitamos hacer deporte porque nuestro cuerpo es una máquina que necesita mantenimiento. Y para mí aquí está la clave de todo: es una máquina que puede funcionar de forma más o menos perfecta independientemente de tu peso, pero no funciona si no lo mueves de vez en cuando. Como los coches esos que están en el garaje años y luego no arrancan, pues lo mismo con nuestro cuerpo.

Todas deberíamos interiorizar que salud y peso son dos cuestiones que no están tan estrechamente relacionadas como nos han hecho suponer. No todas las personas gordas están enfermas o tienen más probabilidades de enfermar, al igual que no todas las personas delgadas están sanas.

Y es que no podemos negar que la obesidad aumenta las papeletas de sufrir algunas enfermedades, como lo hace fumar o beber alcohol a diario, pero no es una enfermedad en sí. Y como tal, aunque no sea algo deseable y realmente tengamos un auténtico problema social con este tema, estar gordo no es no estar sano.

Por lo tanto, si haces deporte para adelgazar y lo camuflas diciendo que quieres estar sano, hay una parte de este razonamiento que no cuadra. No tienes que adelgazar para estar sano: tienes que cuidar tu cuerpo.

Desde mi perspectiva, cuidar de tu salud incluye lo siguiente:
— Dormir todas las horas que tu cuerpo necesita.
— Hidratar tu cuerpo de forma adecuada. ¿Te has planteado alguna vez si la cantidad de agua que bebes al día es suficiente?
— Rodearte de personas que te quieran y te hagan bien.
— Gestionar el estrés del trabajo y la vida diaria de forma adecuada.
— Tener unas digestiones y deposiciones regulares (ni mucho ni poco).
— Tomar el sol y disfrutar de una dosis adecuada de vitamina D.
— Disfrutar del contacto con la naturaleza de forma habitual (porque somos animales, al fin y al cabo).
— Gozar de una movilidad suficiente que te permita vivir sin limitaciones.
— Disfrutar de una alimentación completa que te aporte todos los micro y macronutrientes que necesitas (que serán distintos en función de tu momento vital y personal).

Como veis en nuestra lista hay mucho más que la antigua visión de la salud que se relaciona de manera totalitaria con la delgadez: «Come menos, muévete más y estarás sano», ¡qué va! Vamos a dejar esas ideas del Pleistoceno atrás. La salud es muchísimo más que moverse más y comer de una u otra forma. El movimiento va mucho más allá de la visión que correlaciona salud y belleza.

Porque, no nos vamos a engañar, lo que tú quieres conseguir cuando haces deporte para adelgazar no es estar más sana: lo que quieres conseguir es estar más delgada, acercarte más al canon estético social normo aceptable o a aquel que tienes en tu mente. Ese tú mejorado que será la envidia de todo el mundo con un culo de acero que todos alabaremos.

Y es que este tema nos parece importante: nos tenemos que mover porque es importante cuidar la máquina que es nuestro cuerpo, porque queremos estar sanos, no porque no entremos dentro de ese canon que nos muestran como correcto. Entre otras cosas, porque muchas de nosotras, aunque nos ejercitáramos tres horas al día, no conseguiríamos ese tipo de físico y estaríamos sacrificando nuestras horas de vida por conseguir algo que realmente no nos va a hacer felices.

En esto del deporte, como con la vida, volvemos a lo mismo de siempre: ¿qué es lo que quieres tú de verdad? ¿Para qué te has apuntado a la clase de zumba? ¿Te llena? ¿Te hace feliz? Si tu respuesta es un rotundo, «Sí, lo adoro»... ¡adelante! Si te acabas de dar cuenta de que te apuntaste al gimnasio porque es lo que deberías hacer, pero en realidad lo odias, creo que hay que buscar otra alternativa.

Y aquí lo que te recomiendo es que busques aquello que te motiva, reflexiona hasta encontrar tus objetivos para moverte más, esos que te llenan, que te hacen no querer faltar ni un día al gimnasio. Estos son una lista de los que me sirven a mí:

— No quiero ser mayor y no poder moverme.
— Me gusta tanto mi cuerpo que quiero tratarlo lo mejor posible.
— No me gusta sentirme limitada cuando una actividad requiere movimiento (como subir escaleras o dar paseos

muy largos) y para ello tengo que entrenar mi cuerpo. No quiero que mi cuerpo se sienta como una lastra, sino como un compi de viaje.

Te animo a reflexionar sobre este tema y encontrar tus propios motivos para moverte más. Deja atrás los deberías y abraza realmente quien eres y qué es lo que te motiva.

Chao chau dietas

Del mismo modo ocurre con las dietas. Yo reconozco que soy una gorda atípica porque he hecho muy pocas dietas en mi vida. La mayoría de las personas con sobrepeso, o casi todas las mujeres en realidad, han probado una y mil dietas en su vida. Lo pruebas todo y no te sirve nada, ¿sabes por qué? Porque las dietas NO FUNCIONAN.

Y es que, si bien está demostrado que las dietas a largo plazo no funcionan, seguimos empeñadas en que la restricción puntual (de un alimento o de toda la comida en general) nos salvará la vida y conseguirá aquello que tanto anhelamos: adelgazar.

No encontraréis un solo video o foto en donde nosotras os digamos que no hay que adelgazar, pero tampoco un documento donde aprobemos las dietas. Porque nos hemos dado cuenta, a lo largo de todos estos años, de que las dietas lo único que aportan es:

— Una pequeña sensación de control mientras estás a dieta, pero al saltarte mínimamente el plan, parece que vives en el caos.

— Resultados a corto plazo.

— Limitaciones varias, porque lo de no poder salir a cenar o ir de vacaciones con tus amigas por el miedo a no poder seguir la dieta lo hemos sufrido todas.

Así que os animo a seguir un planteamiento nuevo: abandonar las dietas. Esto no quiere decir que no te vayas a cuidar. Porque todos sabemos, en el fondo, que es beneficioso para nuestro cuerpo.

Y si tienes dudas, siempre hay un montón de especialistas dispuestos a ayudarte con este tema.

Pero no se trata de vivir en la restricción, ni obsesionarte con los buenos o malos alimentos. Se trata de disfrutar de la comida (que es algo que vas a tener que hacer cada día) y abrazar tu cuerpo, al igual que lo hacemos con el movimiento, nutriéndolo con lo que más necesita. Que ya os adelanto que no será igual el día que tienes 300 tareas que un día que estás tranquila en casa.

Y es que en este volver a conectarnos con nosotras mismas también deberíamos conectar con nuestra hambre. Yo admito que durante años no sentí hambre: nunca dejaba que fuera así. Hasta que descubrí el movimiento *mindful eating* o el comer consciente y me di cuenta de que engullía en vez de comer.

No me había permitido sentir hambre, entre otras cosas, porque descubrí que acallaba mi ansiedad con la comida. Hay quien ve la tele de forma compulsiva, quien fuma y quien, como yo, come para no tener estrés o ansiedad.

Solo te puedo recomendar, si te ves reflejada en estas líneas, que busques a alguien que te ayude con este tema. Al final del libro vamos a dejar un listado de nutricionistas de confianza a las que podéis consultar para tratar esta cuestión. No se trata de encontrar la dieta perfecta o el alimento (de moda) que te hace adelgazar. Se trata, una vez más, de recobrar el equilibrio en tu alimentación y tu vida.

Se trata de entender que tienes que amarte tanto que ha llegado el momento de ocuparte de tu cuerpo. De oxigenarlo con el movimiento que necesita, de nutrirlo con los alimentos que precisa y de proveerle de todo lo que necesita para funcionar al 100%.

Recuperar la salud a través del amor propio es, en cierto modo, hacerse responsable de tu cuerpo, otra vez, y entender que en el equilibrio está la virtud. Que no hace falta estar gorda o delgada para estar sana, sino que la salud va mucho más allá de tu talla.

Semana 8

No temas pedir ayuda

Por Lidia

> *Un amor propio bien ordenado*
> *es justo y natural.*
> **Tomás de Aquino**

Por qué nos cuesta tanto

En este capítulo me gustaría compartir con vosotras algunas reflexiones sobre cómo, cuándo y dónde pedir ayuda. Normalmente, cuando algo nos duele, desde bien pequeños nos llevan al médico, para tratar de buscar soluciones con tal de mejorar o eliminar el problema. Los adultos solo utilizan el médico cuando encontrar la solución se escapa a sus conocimientos.

Cuando crecemos pienso que nos cuesta muchísimo más pedir ayuda, en general, como que sentimos que pedir ayuda es nuestra última opción. No sé si es el miedo al fracaso o que pedir ayuda nos hace sentir vulnerables con cosas que no controlamos, que se nos escapan un poco de las manos. Lo que sí sé es que pedir ayuda debería ser una de las primeras cosas que nos vinieran a la mente. Voy a hacer énfasis en lo necesario de tener y pedir ayuda en la construcción de la autoestima, pero no me quiero quedar solamente en eso. En realidad me gustaría que os sintáis tan a gusto en este espacio, entre nuestra comunidad, que buscar ayuda sea únicamente un paso más de vuestro camino hacia el amor propio.

117

Hay algunas cosas de las que me he ido dando cuenta según van pasando los años y es que si no solucionas tus problemas o haces las paces con ellos, SIEMPRE —y esto no lo digo a la ligera— van a estar ahí. No podemos esperar que las cosas cambien si hacemos siempre lo mismo. Esta premisa suena superrazonable, con sentido, pero a menudo nuestros problemas son cíclicos y no nos damos cuenta. Voy a ponerme yo siempre como ejemplo y pido perdón de antemano si no os identificáis con estos temas. Tomadlos solo como un ejemplo o anécdota que os ayude a ver que tenemos todo el poder de cambiar en nuestras manos.

Identifica aquello con lo que no estás conforme

Por muchos años he vivido al día económicamente hablando. Provengo de una familia humilde, que ha trabajado siempre para sobrevivir. La diferencia entre sobrevivir y vivir en el sentido económico es para mí la sensación de tener una red de seguridad que te sostenga, un plan B, por si el primero no funciona. Yo creo que, debido a que nunca lo tuve, es algo que siempre me ha preocupado, algo que siempre tengo en el fondo de mi mente.

Y la verdad es que cuando empecé a trabajar no sabía muy bien cómo gestionar mi economía, me tranquilizaba saber que no era una carga más para mis padres, que ya era «independiente», aunque no lo era realmente. Como os conté, muy jovencita me marché de casa a vivir a la ciudad porque no me sentía bien con la situación que tenía en casa, quería sentirme un poco más libre.

Me fui sin ahorros, menuda estupidez, diréis; pues sí, fui una estúpida, económicamente hablando seguí los pasos de mi familia y empecé a sobrevivir. Llegar a fin de mes justa y con la sensación de que no podía hacer más de lo que ya hacía, que era trabajar un montón. Me costó mucho identificar que tenía un problema con el dinero. Que viene siendo un problema cíclico que tengo en mi vida, está ahí constantemente, siempre tengo un «runrún», algo que no consigo sosegar, una preocupación constante que no me dejaba celebrar otros triunfos, hasta que me dije que ya bastaba.

Llegué a la conclusión de que, como no me siento muy parte de mi familia, siento que no tengo ningún colchón. Que si me hace falta alguna cosa, sobre todo económicamente, nadie va a responder (si esto lo lee mi familia, que sepáis que soy consciente de que no es cierto, pero me siento así a menudo, por la falta de recursos que hemos tenido siempre). Así que me dije, «Tía, tienes un trabajo, así que organízate y ahorra todos los meses». Y lo hice, el método más fácil para mí fue reducir gastos al mínimo, de forma que con mi sueldo me sintiera más holgada, luego definir la cantidad que quería ahorrar todos los meses, tenerla en un lugar donde la viera y de fácil acceso y sobre todo no vivir por encima de mis posibilidades. Y, chicas, todavía sigo en ello, no he alcanzado la cifra que quiero tener para sentirme tranquila, pero tampoco vivo al día, lo cual me hace sentir mucho más ligera; ya no tengo miedo a que me despidan, a las pandemias o a que no me renueven el contrato de alquiler. Ahora hagamos todas una reflexión: tengo treinta y cuatro años…, empecé con esto de poner en orden mi economía justo hace un año, y llevo trabajando desde los dieciséis…

¿Os imagináis el tiempo que me hubiera ahorrado sintiendo esa inestabilidad que me carcomía si hubiera pedido ayuda sobre cómo manejar mi dinero a los veinte?

Temas pendientes que te roban energía

Apunta en un papel qué cosas te molestan o que querrías cambiar. Te ayudará a darte cuenta de qué cosas te están quitando energía. Si siempre están ahí y quieres atajarlas, tendrás que probar cosas nuevas, pensar en soluciones que seguramente te hagan salir de tu zona de confort. El primer paso siempre es ser consciente de qué quieres cambiar.

Es muy fácil para el ser humano arrinconar las cosas que nos preocupan, hacerlas a un lado y reflexionar sobre otra cosa. Para esto se han inventado los libros, Netflix o cualquier afición que se te ocurra. En mi caso utilizo los libros, meterme de lleno en una novela me evade de todo. No solo de los problemas, sino del mundo en general. Y ojo, el ocio es genial como todo, si hacemos un uso moderado de él.

A mí lo que me ayuda cuando un problema me supera es dividirlo en fases. Por ejemplo, no hacer ejercicio era un problema que me preocupaba mucho, andaba siempre autocastigándome por no hacer más. Sé que es saludable hacerlo y que me siento mejor justo después de realizarlo. Pero como no me gusta, me buscaba excusas para no ponerme y, de verdad, no es algo que quisiera dejar de lado, pues soy consciente de los beneficios de mantenerse en movimiento y tener una vida saludable.

Lo que hice fue pensar en formas que no fueran hacer deporte como tal para moverme más. Dejé de ir en metro a los sitios y empecé a usar la bicicleta o ir andando (no me compro tarjetas de metro, así evito la tentación del camino fácil y en el que me muevo menos). Si hay ascensor o escaleras trato siempre de subir y bajar por las escaleras, es una manera más de moverte que al principio te pesa, pero según lo añades a tu rutina, no supone nada.

Como no quería invertir dinero en la inscripción a un gimnasio para luego dejarlo, todas las semanas pruebo una clase de algo distinto *online*, lo que sea que encuentre en YouTube y me parece interesante. Esta semana, por ejemplo, querría probar una clase de *twerking*. Si yo sola no consigo que me guste el deporte, voy a intentar apuntarme o buscar un entrenador personal que me anime. Estoy superdecidida a atajar este tema y que forme parte de lo que me hace sentir bien, no de lo que me hace sentir mal. Negar que me molesta no hacer deporte es finalmente algo que me quita tanta energía y que me hace sentir tan culpable que poniéndole solución no elimino únicamente un problema, sino que gano en salud, tanto física como mental.

Atenta a las señales

Si no eres capaz de reconocer que algo no va bien es muy difícil que llegues a la conclusión, por ti misma, de que necesitas ayuda.

Voy a tratar de identificar las señales que yo uso para hacerme consciente de mis preocupaciones, analizar si son un problema y ponerles solución por mí misma o buscar ayuda si no soy capaz.

Si siento que estoy un poco inestable, por ejemplo —unos días muy contenta, otros muy de bajón sin saber definir por qué—, suele ser que me ronda algo por la cabeza que me desestabiliza, un poco de estrés del trabajo, autopresión por no llegar a todo, tener que crear contenido e incluso las tareas más tontas del hogar pueden hacer que mi ánimo se tambalee. Por eso, si sientes que tu humor y tus emociones viven en una montaña rusa, te pasa algo.

Cuando siento que me pongo nerviosa por todo, que me preocupo en exceso, que cualquier cosa fuera de mi rutina me altera —esto puede ser, la visita de alguien, un proceso distinto en el trabajo al que tengo que adaptarme, mucho volumen de trabajo—, normalmente, gestiono las cosas de forma calmada, buscando la mejor forma de hacerlo. Por eso sé que cuando cualquier nimiedad me saca de quicio... hay algo en mí que no funciona bien. El autoconocimiento y apuntar cómo me siento a menudo me ayuda a identificar estos sutiles cambios.

Cuando no consigo dormir bien —¿os suena? Creo que es algo que nos pasa a menudo— es que hay algo rondándome que no me deja estar tranquila y relajada. A veces nos costará mucho ser honestas, pero no hay modo de darnos cuenta de aquello que nos preocupa. En algún momento hay que hacer de tripas corazón y lidiar con ello. Recuerda que es normal sentirse abrumada; como todo, según más lo hagas, menos te costará.

Tírate a la piscina

Pedir ayuda es el primer paso para solucionar el problema, significa que estás haciéndote cargo de ti misma. Que quieres mejorar, que sabes que hay algo que tiene que cambiar para que estés mejor. Si sientes que estás en este punto, por favor, no dejes que el miedo te haga recular. Es natural sentir miedo al cambio, de alguna forma estás saliendo de lo que ya conoces, lo que controlas, de una rutina que has establecido y en la que te sientes más o menos cómoda. Salir de tu zona de ahí te va a costar, pero como os decía al principio…: es imposible esperar un resultado distinto si haces lo mismo.

El cambio asusta tan solo porque es algo desconocido, es el principio de algo que no sabes a dónde te va a llevar, pero... pregúntate si puede ser peor que eso que está haciéndote sentir mal en este momento. Si no arriesgamos por miedo podemos perdernos mucho más de lo que pensamos. Y opino que este miedo paralizante es algo a lo que tenemos que acostumbrarnos, pues durante nuestra vida y nuestro desarrollo vamos a encontrarnos un montón de situaciones que nos darán miedo. Un nuevo puesto de trabajo, un cambio de país, volver a estudiar, una hipoteca, cambiar de pareja, estar soltera… Es completamente normal que estas situaciones te hagan sentir insegura, inestable o que te den miedo.

Pienso que cuando nos lanzamos a la piscina es porque la necesidad de cambiar sobrevuela la incomodidad de hacerlo. A menudo sentimos que algo no marcha como nos gustaría. En cualquier caso os digo, ni siquiera es necesario que exista una de estas señales para acudir a alguien que te ayude, por ejemplo, en tu desarrollo personal. Hay muchas formas de llegar a un mismo punto. Lo que me gustaría es que seáis conscientes de lo que necesitáis.

Me gustaría añadir ahora que para mí buscar ayuda no solo significa ir a terapia o buscar ayuda psicológica. Para mí buscar ayuda es encargarte de ti misma. Así que pedir ayuda es llamar a tu amiga cuando has tenido un día duro y necesitas compartirlo. Pedir ayuda es ir al médico a hacerte análisis porque no te sientes bien, pedir ayuda es decidir que quieres aprender inglés y apuntarte a una academia, y una larga lista de etcéteras que variarán dependiendo de las necesidades de cada persona. Entiende que no estás sola, que no tienes que hacerlo todo tú. Y que donde tú no llegas, llega otro. Casi todo tiene solución si te enfocas en encontrarla.

Hablar de salud mental

Ojalá ir al psicólogo fuera tan natural como ir al dentista cuando te duele una muela. Os cuento que, bajo mi punto de vista y la experiencia que me dejó la enfermedad mental de mi padre, se trata de un mundo superdesconocido. ¡Se habla tan poco de esto! Es normal hablar si alguien en tu familia tiene cáncer, por ejemplo. En cambio, no hablamos sobre si alguien está deprimido, o si, como mi padre, tiene esquizofrenia; se trata todo como si fuera un tabú. Podemos tener enfermedades visibles, pero no nos permitimos hablar de las invisibles.

Yo durante el proceso que pasé con mi padre —que no quería ir al médico, pero tenía algunos comportamientos superextraños— me sentí muy sola. Solemos ver al psicólogo o psiquiatra como algo para personas que no razonan, que consideramos que tienen un comportamiento extraño, poco habitual, problemas emocionales y estamos tan equivocados...

Así que normalicemos ir a terapia, al psicólogo o al psiquiatra, es lo mismo que ir al nutricionista cuando quieres aprender a comer bien o cuando tienes un callo y vas al podólogo.

Busca a alguien con el que te sientas cómoda

Mi primer consejo es que hay tantos psicólogos que a veces uno se siente abrumado y no sabe a cuál acudir. Lo primero que yo haría es preguntar a mi círculo más cercano si conocen a alguien, pues aunque esa persona no sea la adecuada puede recomendar a algún colega. Es normal acudir a la primera cita con miedo; el miedo a lo desconocido es nuestro amigo a estas alturas. Así que sencillamente fui, a pesar de tener miedo, sabiendo que me haría bien. Con tu psicólogo tienes que conectar de alguna forma, en mi opinión tienes que sentirte bien, sobre todo comprendido y no sentirte juzgado. Si eso no sucede con la primera persona a la que acudes no tengas miedo de probar con otra. Es como cuando pides un cambio de médico en la seguridad social, exactamente lo mismo. Ocurre muchas veces, así que, de verdad, no temas ofender a nadie, tienes que sentirte bien y confiar en el profesional que te va a ayudar.

No dejes que te juzguen

No quería cerrar el capítulo sin abordar la cuestión de la gordofobia en medicina. Como te adelanté en el capítulo sobre opinar del otro, si nunca habéis sufrido este tipo de discriminación puede ser que no empaticéis con lo que os voy a contar, pero siempre lo he comparado a como tratan los médicos a los fumadores. Hago esta comparación porque he sido fumadora hasta hace un par de años y gorda desde la adolescencia. Sucede muy a menudo que vas al médico porque tienes un problema y este lo achaca a tu sobrepeso. A veces incluso sin molestarse en preguntar un poco sobre ti, sobre tus hábitos, si estás bien... Tuve un quiste en la matriz que me hizo sangrar muchísimo durante casi un año, la primera vez que acudí al ginecólogo lo primero que me dijo es que debería pedir cita con mi médico y perder peso; que el sobrepeso podía provocar esas cosas. A día de hoy no sé si es cierto que tener sobrepeso puede provocar que te crezcan quistes en la matriz, lo que sí sé es que no paré hasta que me miró lo que tenía y puso remedio a mis dolencias. También soy consciente de que dependiendo de lo a gusto que estés contigo misma puedes o no encontrar las fuerzas para decirle al médico que está ahí para ayudarte, no para achacar todas tus dolencias al sobrepeso. Pero si no tenéis fuerzas para enfrentaros al médico de esa forma, esperad a salir de la consulta, pedid un cambio de médico y, si os sentís con ánimo, denunciad la situación.

Pero escuchadme bien, **no dejéis de ir al médico por miedo a cómo os van a tratar**. Tu salud es una prioridad, aunque parezca mentira ahí afuera hay personas que no te van a juzgar porque tengas sobrepeso, van a querer ayudarte a mejorar tu salud para que te sientas mejor. Así que no te quedes con ese médico que te trata pésimo, cambia de médico hasta que encuentres a alguien con el que te sientas bien. Que te atienda como mereces.

No temas pedir ayuda siempre que sientas que la necesitas, a profesionales y también a las personas de tu entorno. Juntos somos muchísimo más fuertes y no tienes por qué pasar sola todas las dificultades de la vida.

¡Pedir ayuda es de valientes!

El amor
y las relaciones
personales

Por Raquel

> *Si no nos amásemos a nosotros mismos*
> *en absoluto, nunca podríamos amar nada.*
> *El amor propio es la base de todo amor.*
> **Thomas Traherne**

Love is in the air

omo ya os he contado, yo siento que puedes elegir vivir en el amor o en el miedo. Cuando eliges la primera opción entendemos que el amor está en todas partes y que esta idea que te ha vendido la sociedad de que si no mantienes una relación romántica estás sola en la vida y no tienes amor ES MENTIRA.

Y es que el amor está en todas partes y tú puedes, por ejemplo, sentirte tremendamente querida porque tienes un perrito, como Tofu, que es un amor y un puñado de muy buenos amigos o puedes sentirte terriblemente sola con todo el *pack* que se supone que debes desear: pareja, niños y una casa enorme.

Así que cuando hablamos de amor (saca tu libreta), lo primero que nos deberíamos plantear es ¿qué quiero? ¿Qué necesito?

¿Cómo y cuándo lo deseo? Y esto es algo que, a menudo, amigas mías, no hacemos jamás.

Nos han programado para encontrar pareja y nos venden que seremos felices cuando esto ocurra. Es un poco como la promesa, que ya sabemos que es más falsa que una moneda de madera, de que cuando estés delgada serás feliz. Querida, cuando tengas pareja puede ser que tampoco seas feliz, ¿te lo has planteado?

Y puede ser que encuentres esa pareja que tú crees que te va a cambiar la vida y no te haga feliz: «¡Si tengo aquello que todo el mundo desea y no soy feliz! ¡Cómo me puede pasar esto a mí!». No sé, tal vez, ni te habías preguntado si querías tener pareja, cómo querías que fuera tu relación y si estabas preparada para lo que implica la vida en conjunto con otro... porque esto del amor va más allá del otro.

Esto del AMOR va sobre todo de amor propio. Así que vamos a ir directos a lo importante. Responde de forma sincera (que nadie más va a enterarse, es un ejercicio para ti):

— ¿Consideras que estás sola?
— ¿Tienes un círculo de amigos y familia que te apoya?
— ¿Tú realmente quieres tener pareja? ¿O es algo que te han hecho creer?
— ¿Cuál es la razón por la que quieres encontrar esa pareja?
— ¿Piensas que tener pareja mejorará algo de tu vida?
— ¿Qué quieres encontrar en tu pareja?
— ¿Cuáles son los límites por los que no pasarías de ninguna manera?
— ¿Qué consideras que alguien tiene que aportar para formar parte de tu vida? (En una relación romántica o personal.)

Yo respondí a estas preguntas hace un tiempo y descubrí que durante muchísimos años yo suponía que quería tener pareja porque era el «debería» social, pero en realidad me lo pasaba muy bien sin tenerla y no quería sentirme responsable de nadie.

Y llegado un punto caí en la cuenta de que sí me apetecía tener una relación. Que deseaba esa relación para encontrar un compañero de vida porque la vida a veces se hace cuesta arriba y si alguien te ayuda a empujar, mejor. Y que jamás aceptaría a nadie que me necesitara (en lugar de elegirme), que me robara energía (en lugar de aportarme), y que estuviera conmigo por estar (yo quiero ser la mejor opción entre todas las posibles).

Además, me di cuenta de que mi familia elegida (y la que me vino de sangre) son maravillosas y vivo rodeada de amor constantemente. También que Tofu es el mejor compañero de vida que podía haber elegido (bueno, fue mi hermana la que dijo «Elige a ese perrito que se ha quedado dormido y es supermono») porque no hay nadie más fiel y amoroso que un perrito. Y que me siento honrada y querida cuando tengo y no tengo pareja, gracias a entender que jamás estoy sola.

El río de la vida y sobre florecer juntos

Porque mejor sola que mal acompañada, amigas. Si algo me han enseñado las diferentes relaciones (románticas o no) que he tenido en mi vida es que hay gente que te quiere mal. Normalmente, no porque quieran no quererte o porque desean hacerte mal, sino que se trata de gente que tiene tal jaleo mental interno que no sabe hacer nada más que el mal a su alrededor. Hay gente a la que a su lado no se puede florecer, no es posible, porque tienen una tierra tan infectada de bacterias y mierda que si te acercas mucho vas a terminar bastante fastidiada.

Así que si algo sé del amor es que no todo lo puede. Que a veces puedes querer mucho a alguien, pero que lo que te quieres a ti tiene que ser suficiente como para poner tierra de por medio si una persona no te hace bien. Porque no vas a poder «arreglar» a nadie. Cada uno cultiva su terreno como puede o quiere y tú solo podrás descansar cerca de otro esperando que todo florezca. Da igual el amor que aportes en una relación; si no es tu lugar, no lo va a ser jamás (o por lo menos no por el momento).

Con esto quiero decir que, tras algunas decepciones que otras, os recomiendo no perseverar en exceso en cuestiones románticas o de amistad. El tiempo me ha enseñado que o fluye o no. Si florece, genial, seremos felices juntos el tiempo que dure. Si tengo que ponerle demasiada energía, estar demasiado preocupada y ponerle mucho empeño (porque las relaciones cuestan, nos han contado), ahí no es.

Y es que, queramos o no, las personas que nos rodean son un reflejo de quién somos. Una vez leí que somos el reflejo de las cinco personas con las que pasamos más tiempo y, sinceramente, creo que es una verdad absoluta. Si eliges a personas que son energía pura, te animan y apoyan en todo, es muchísimo más sencillo que salgas adelante que si tu círculo cercano está formado por gente que, por diversas razones, prefiere que vivas apagando tu luz constantemente.

Mis cinco personas más cercanas (que no se me ofenda nadie porque a todos los demás os quiero un montón, pero al escribir este libro ellos son los que siempre están cerca):

Lidia, además de mi compi en @soycurvy se ha convertido en una de mis mejores amigas. Me alucina su capacidad de tirar hacia delante y su visión estética del mundo. Tengo mucha suerte de haberla encontrado en mi camino.

A. es una de las personas más leales y trabajadoras que conozco. No hay proyecto que no saque adelante. Todo su universo es bonito y armonioso. Me demuestra constantemente que los límites solo están allí donde tu mente los coloque.

D. y R. son las personas que más han creído en mí en toda mi vida. Tengo suerte de haber recibido una familia donde siempre se te apoya y están dispuestos a ayudarte en lo que haga falta.

D. ¿Sabes de esas personas que creen en ti más que tú misma? Pues D. llegó a mi vida después de una época no muy brillante en la que dejé de confiar en mí y me perdí un poco. He aprendido que si encuentras a alguien que cree en ti por encima de todo y te anima a mejorar, debes mantenerlo cerca.

E. y L. son un impulso creativo continuo. Siempre en constante cambio, buscando algo nuevo: algo más bonito, más moderno, más brillante… Me inspiran a llevar una vida más creativa y a no conformarme con lo que todo el mundo dice que está bien.

Por supuesto que hay muchas más personas en mi vida. Como os decía, me siento bastante afortunada por la familia, elegida y no, que he construido. Y reflexionar sobre cómo quería que fuera mi vida me llevó a rodearme de aquellas cosas que necesito: personas que expandan mis límites mentales y me animen a ser mejor, gente que me quiera por encima de todo, que me ayude a ser más creativa (porque es mi forma fundamental de expresión)... En definitiva: lugares donde florecer.

Y ahora que ya os he convencido de que el amor está en todas partes y que hay que rodearse de buena gente y, sobre todo, de gente que te haga bien, vamos a cosas mucho más divertidas:

Amor, sexo y otras locuras

Hay algo que me preocupa desde hace tiempo dentro del movimiento *bodypositive* y, sobre todo, en las cuentas de mujeres con curvas como nosotras:

Me da la impresión de que tener pareja se asocia con un «ser válida» (algo que no hacemos solo las gordas). Soy suficiente como para que alguien me quiera.

La sexualización de los cuerpos está a la orden del día. Soy suficiente como para que alguien me desee.

Y es que este ser suficiente a través del otro es un pozo de dolor asegurado. Porque si me valido a través de la mirada ajena estoy dejando que esa persona o personas tengan absoluto poder sobre mí (esto ya lo hemos comentado varias veces a lo largo del resto de páginas, así que no vamos a profundizar más en ello).

Quiero dejar algo muy claro: esto de la pareja, el amor romántico o encontrar un compi de vida tiene muchísimo más que ver con la suerte y tus circunstancias personales que con ser válido para recibir amor. Todos somos válidos para recibir amor. Conozco a gente que es muy mala persona y hace daño a los demás y tiene pareja desde hace años, ¿crees que ellos se han planteado si son válidos o no para ello?

Así que no encuentras novio o pareja porque no se ha dado la situación, no porque te ocurra algo dentro o porque tengas una maldición. Otra cosa es que haya cosas en ti que te hagan no ver las señales o buscar a un tipo de persona que no te hace bien y por eso no te cuadran las relaciones. Pero válido como para recibir amor lo eres desde el momento en que viniste al mundo.

Y encontrar esa pareja no te hace ser más correcto o perfecto porque alguien te ama que cuando no es así, ¿esto quedó claro?

Muy bien, pues ahora hablemos de la sexualización de las personas con curvas, que es algo de lo que llevo años queriendo hablar. A mí la libertad sexual y el liberarse y entender que el sexo es algo maravilloso me parece genial, es más, creo que forma parte de todo proceso de amor propio. Te quieres mucho más, decides que has venido a esta vida a gozar y entonces gozas, con el *pack* completo.

Y pienso que las mujeres hemos vivido muchísimos años reprimidas a nivel sexual. Teníamos que ser seres que no gozan, no hacen ruido y no tienen necesidades físicas animales porque no es decoroso que eso ocurra. ¡Bendito *Satisfyer* y la cantidad de mujeres a las que les ha enseñado que su sexualidad es suya!

Pero hay algo que me molesta mucho, cuando eres una mujer gorda parece que tienes que elegir entre dos estereotipos:

— O eres muy dulce, no haces ruido y parece que jamás has roto un plato (y todo el mundo supondrá que eres virgen, que oye, que supongan lo que quieran, pero para que me entendáis).

— O eres una máquina sexual dispuesta a ofrecer todo lo que la otra persona desee de ti. Una persona totalmente sexualizada que entiende ese rasgo de ella como una parte esencial de sí misma.

Y yo quiero reivindicar que no. Que las gordas ni somos santas ni somos putas. Que no somos nada de lo que el otro quiera que seamos. Somos diversas: exactamente igual que el resto de mujeres.

Y, por lo tanto, el que hables sobre mi cuerpo voluptuoso de forma claramente sexual sin conocerme me molesta, no porque sea una mujer reprimida, sino porque no me defino por tu deseo.

Y aquí voy a hacerte una recomendación, querida amiga gorda (si estás delgada también te sirve, no dejes de leer): si te acuestas con alguien habitualmente y no te saca a cenar o no te ha presentado a sus amigos, pero se comporta como si fuerais pareja en la intimidad, ¡a la mierda! Porque todavía, lamentablemente, existe mucho y mucha fetichista que adora nuestros cuerpos, pero nos utiliza porque no sienten que sea socialmente aceptable salir o que les vean con una gorda. ¡Mandad FUERA A LOS MOJONES de vuestras vidas!

¿Por qué siempre acabo con mojones?

Y es que es alucinante la cantidad de cosas que les aguantamos a las personas por «amor», entre comillas porque si no te hace bien no puede ser amor. Aceptamos sentirnos menos que el otro, aceptamos que no nos coloquen allí donde merecemos, aceptamos que nos maltraten (ojo, que los maltratos no empiezan con una torta; el despreciarte, hacerte luz de gas o manipular tus sentimientos es maltrato)… Lo aceptamos todo para no aceptar que NO te hace bien y que NO funciona.

Y, como yo no soy terapeuta y he tenido pocas parejas en mi vida, no os voy a dar consejos sobre este tema, pero sí que voy a hacer una reflexión. Una que a mí me sirvió para salir de algunos círculos de estructuras similares u hombres similares con los que me encontraba.

Yo me pregunté: «¿Por qué he compartido mi vida con esta persona si sabía que no me hacía bien?», y «¿Por qué alargué esta relación en lugar de cortar por lo sano con ella cuando empecé a verlo?»… En la mayoría de las ocasiones esas preguntas llevan a una respuesta protagonizada por la carencia. Buscaba seguridad, reconocimiento, sentirme deseada, sentir que era suficiente… pero siempre a través de la vida del otro.

Sentía que si me deseaban, es que era bonita; si me necesitaban, es que era importante para alguien; que si era buena y aguantaba cualquier tipo de trauma que trajeran consigo, era buena persona y, por lo tanto, valiosa para él. Porque la validación a través del otro es algo a la orden del día, es más, en realidad es lo que el amor romántico y esa idea de «sin ti no soy nada» nos llevan vendiendo desde que somos unas crías y vemos pelis de Disney.

Bye, bye, príncipes azules

Te propongo un cambio en el guion, en lugar de buscar al príncipe de tu vida que te salve y encuentre tu zapatito de cristal, TE VAS A SALVAR A TI MISMA. Porque una vez que te haces con las riendas de tu vida y comprendes que no necesitas que nadie te valore, te salve de nada o te recuerde lo excelente que eres es cuando podrás empezar a mantener relaciones personales más sanas.

Amor que nace del sentimiento de cómo me gusta esta persona en lugar de cómo lo necesito. Encontrar un alma con la que caminar agarrados de la manita por la vida el tiempo que dure (entiéndase esto para amigos, parejas...). Y esas relaciones estarán basadas en el puro amor de encontrar a alguien que encaja contigo y al que no le pedirás a cambio nada más que sinceridad y honestidad mientras compartáis la vida.

Y la persona que te va a recordar que eres valiosa, te va a decir cada día que eres supersexy y te va a hacer sentir querida, eres tú misma, hermana. Porque no necesitas a nadie más que a ti misma para sanar esas heridas que te ha generado la vida, a nadie más.

Porque el mejor amor que vas a encontrar en la vida es el TUYO. Reconocernos, querernos y abrazarnos a nosotras mismas cada día es una verdadera revolución. Es elegir vivir siempre desde el amor y abandonar el miedo para siempre. Aunque el mundo te diga que no eres lo suficientemente bonita, sientas que nadie te entiende y no encuentres esa pareja que la sociedad te dice que deberías tener. Una vez que te amas tal cual eres, todo eso deja de afectarte.

Y no se trata de ser una completa *naif* o la mujer más independiente del mundo que piensa que no necesitará nunca más a los demás. No. Se trata de tomar la decisión consciente de vivir rodeada de amor, de paz, de belleza... Se trata de convertirte en la dueña de tu destino y, desde ahí, amigas mías, el amor empieza a brotar y fluir y el mundo es muchísimo más bonito (y divertido).

¡A la mierda todo!
Que el amor está en mí.

La moda: ¡ponte lo que te dé la gana!

Por Lidia

> *Siempre estás contigo mismo, así que es mejor que disfrutes de la compañía.*
> **Diane Von Furstenberg**

Mi primer amor, la moda

La moda siempre ha sido una parte muy importante de @soycurvy de hecho y como ya os hemos explicado en la introducción, @soycurvy nació buscando lugar para hablar de moda siendo una mujer no normativa. Raquel al comienzo posteaba sus *looks*, dónde encontrar según qué ropa, *tips* de moda especialmente para mujeres gordas y esas cosas que nos han pasado a todas y que por aquel entonces nadie decía en voz alta. Luego el proyecto ha evolucionado igual que nosotras para convertirse en una comunidad maravillosa, en la que luchamos para que el amor propio forme parte de todas. Como os decía, la moda es un pilar fundamental en el amor propio. Quizá es la parte más superficial y más palpable a la vez. Es parte de cómo te presentas al mundo, de tu identidad.

Mi historia con la moda no tuvo un inicio espectacular, siempre me ha gustado, mi familia cosía para Inditex cuando yo era pequeña, me probaba todo lo que hacíamos y soñaba con tener un armario lleno de ropa. Empecé a tener una relación más fluida cuando empecé a trabajar a los dieciséis, pues tenía un poco más de dinero para comprar aquellas cosas de las que estaba enamorada. Pero ahí también empecé a darme cuenta de que, si se llevaban los pantalones acampanados y me apetecía comprar unos, me iba a tener que poner un poco creativa, ya que encontrarlos en tienda me era imposible. Por ese entonces ya tenía una talla 44 y en la mayoría de tiendas solo llegaban hasta la 42. Además, no recuerdo que hubiera H&M ni nada parecido, me parece que Inditex, C&A y poquita cosa más. En el centro comercial de Mataró (que era donde yo compraba) había un par de tiendas, una que se llamaba Dorothy Perkins y otra justo al lado, Evans, que aunque no eran mi estilo y eran carísimas, incluían tallas para mí. Recuerdo, por ejemplo, preguntarles a las dependientas de dónde eran las marcas y soñar con ir a Londres con mucho dinero a lo *Pretty Woman*. Ahora esa imagen me hace reír, pero claro, con dieciséis años y viniendo de una familia humilde, treinta euros en un vestido me parecía una barbaridad, se escapaba de mi presupuesto. Pero a lo que iba... ponerme cosas que me sentaran bien me hacía sonreír más, sentirme más aceptada, más bonita. De alguna forma la moda siempre me ha aportado confianza.

Siento que, aunque para mí la moda es divertida, a menudo para las mujeres puede ser una cruz, algo que nos lleva a la frustración constante porque no nos sentimos a gusto con alguna prenda, porque estamos incómodas llamando la atención o porque nos cuesta encontrar prendas para nosotras. Pero la moda tiene el poder de convertir un día gris en un día a todo color, así que vamos por partes, de este capítulo quiero que salgáis mandando a la mierda esas normas no escritas por las que te has visto obligada a navegar porque la sociedad, una vez más, nos las mete con embudo.

Primero de todo, trata de no preocuparte si lo que te apetece es introducirte en el mundo de la moda y no sabes cómo. Lo más fácil es buscar inspiración en cuentas de chicas que tengan un estilo que te guste y copiar sus *looks* con lo que ya tienes en tu armario. Así irás viendo con qué prendas de las que ya tienes te sientes divina, cuáles quieres cambiar y alguna que otra nueva que seguro te falta o te apetece.

Hubo un tiempo en el que me costaba horrores mirarme al espejo, especialmente entre los once y los quince años, sentía que no formaba parte de ninguna tribu, que no encajaba en ningún lugar y que lo que me hacía tan distinta era mi cuerpo. Mi autoestima en esa época era inexistente, no tenía opción a decidir con qué prendas me sentía cómoda, mis amigas estaban más delgadas... Fue una época muy extraña en la que mi personalidad se estaba cociendo y yo no daba pie con bola. Odiaba estar gorda, no me gustaba hacerme fotos, ni destacar (para no llevarme más burlas) así que trataba de complacer a todo el mundo y pasar lo más desapercibida posible.

Todo esto cambió cuando me di cuenta de lo preciosa que me hacía sentir estrenar ropa que me sentaba bien. Recuerdo que durante mucho tiempo solo quería que me regalaran ropa nueva en todas las ocasiones, daba igual si era un cumpleaños, santo, Navidad. ¡Yo quería estrenar ropa! Pero lo que me enganchaba no era el hecho de tener algo nuevo que ponerme, sino la sensación de pertenencia, lo emocionante de llevar ropa que me quedaba bien, sin tener que apretar la barriga para que cerrara, de los colores *trendy* y de las prendas de tendencia que me hacían sentir que por fin pertenecía a algún lado, que ya no era la rara que no tiene los pantalones acampanados de la marca X. En mi caso me sentía así porque estar gorda me hacía distinta, pero imagino, porque también me pasó, que si hubiera estado delgada me hubiese sentido igual, pues la realidad es que no nos podíamos permitir esa clase de caprichos. De esto he tardado mucho en darme cuenta, que me sentí distinta pensando que lo que me faltaba era estar delgada para encajar y estaba muy equivocada.

La moda te hace pertenecer a un grupo y, como os hemos contado antes, las etiquetas como localizador son geniales. Cuando te encierran en una caja pueden ser asfixiantes. Y de esta manera fue como me sentí gran parte del tiempo. Asfixiada, porque esa ropa no decía nada de mí, solo del grupo al que quería pertenecer. Poco a poco fui desprendiéndome de esas cuatro paredes en las que me había metido para descubrir, a través de la moda, quién era yo como individuo. Y esa fue una gran revolución, un punto y aparte.

Recuerdo con mucho cariño mi viaje de fin de curso de la ESO, ahí yo ya tenía una pequeña tribu de tres amigas con las que me sentía comprendida sin ser juzgada. Y lo que más rememoro es estar en el hotel en Florencia con un tinte puesto en la cabeza, una mascarilla en la cara, encerrada en la habitación escuchando música con mi amiga Elba mientras los otros se iban de fiesta. Fue tan bueno para mi alma sentir que no tenía que fingir querer ser parte del grupo que se iba de fiesta, poder ser yo misma con ella, que yo ya me sentía la reina del mambo, empoderada, capaz de capear cualquier insulto que viniese en mi dirección, capaz de hablar con un chico si me gustaba, de viajar si me lo proponía. En fin, me di cuenta de que la confianza, pese a lo que nos hacen creer, nada tiene que ver con tu físico.

¡La moda es para pasarlo bien!

Siento que como mujeres hay una cantidad infinita de normas no escritas que seguimos, porque nos las repiten constantemente. Me da la sensación de que la mayoría de estas normas están hechas para que nos sintamos como una mierda. Las reglas están para romperlas, ¿no creéis?

¿Cuántas veces te has preguntado qué forma tiene tu cuerpo? ¿Tendré yo forma de pera, manzana, reloj de arena, triángulo, rectángulo? ¿Cómo vas a definir tu cuerpo, que es único y distinto a todos, con una forma? Y… ¿para qué? Nos enseñan a comprar y definir nuestro estilo según la forma de nuestro cuerpo, pero también nos meten en la cabeza que es mejor tener una forma que otra. Esas ideas impuestas luego hacen que nos sintamos mal con nuestro cuerpo en vez de vernos como las diosas que somos.

No trates de definir lo que te gusta por el cuerpo que tienes, eso va a limitarte inmensamente. Os pongo un ejemplo, imagina que mides dos metros, te encantan unos zapatos maravillosos con tacón y no te los compras para no ser más alta. Adoras esos zapatos, pero la sociedad te dice todo el rato que la mujer tiene que ser más bajita que el hombre. Ergo la chica alta acaba por ir plana para permanecer más baja, destacar menos, seguir las ideas impuestas por el patriarcado. Es decir, está renunciando a algo que le gusta y con lo que se sentiría bien por los pensamientos preestablecidos de otros.

Olvídate de esas normas como que vestir de negro adelgaza, las rayas horizontales están prohibidas, no mezclar azul y negro, el color blanco te hace enorme, ni se te ocurra llevar *shorts* si tienes celulitis, mejor no uses bikini si estás gorda, el amarillo solo si estás morena, no mezclar estampados...

Y por favor, si me estás leyendo, a la hoguera con esas prendas que hay en tu armario que te hacen sentir culpable, esas prendas que llevan una connotación negativa, un vaquero que antes te cerraba y ahora no. Un vestido que te ha quedado pequeño, esa falda que es tan corta que no paras de pegarle tirones para que te cubra más el culo. La ropa está para hacerte sentir bien, las prendas con culpa... ¡mándalas a la mierda!

Esa es mi primera regla, busca aquello con lo que tú te sientas bien, sin la opinión de nadie más. Por eso creo que un buen ejercicio es ir de compras sola y no acompañada de amigas. De ese modo únicamente cuenta lo que a ti te llama la atención, lo que ves y quieres probarte porque te gusta; es más fácil descubrir qué te gusta sin opiniones ajenas. No tengas miedo de entrar a una tienda a la que no vas por miedo a no encontrar talla, si no la hay no pasa nada, pero... ¿y si descubres una camiseta preciosa? ¿Un bolso? ¿Unos zapatos? Por qué condicionarse a entrar solo a un par de sitios por miedo a no encajar allí. Desprenderse de los miedos es parte de ese trabajo porque nos limitan, nos encierran, nos paralizan, nos coartan...

No sé vosotras, pero yo he pasado una adolescencia de mierda pensando en el qué dirán y no pienso gastar ni un minuto más con esas absurdeces; francamente, el qué dirán me importa un pepino.

Durante tanto tiempo fue tal suplicio encontrar cosas de mi talla que cuando quité esa pequeñez de la ecuación empecé a divertirme, entendí que el número que pone en la etiqueta es solamente eso, un número. Que no tengo que sentirme mal si hoy utilizo una talla 48 en Mango y mañana necesito una 52 en Kiabi. Sé que nos han metido en la cabeza que tenemos que encajar y que a veces cambiar de talla hace que supongamos que hemos engordado, que nuestro cuerpo ha cambiado y no estemos conformes con eso.

Y lo entiendo, de verdad que pensar que tienes una 46 y ver que en otra tienda tienes dos tallas más puede hundir a cualquiera si su autoestima está baja. Lo primero es que no hay un tallaje estándar que las firmas tengan que seguir, cuanto antes lo sepas y lo interiorices, mejor. Tu cuerpo, como tú, va a cambiar mucho durante tu vida y tu autoestima no debería estar ligada solamente a tu físico. Con todo lo que te hemos contado ya te habrás dado cuenta de que eres mucho más que tu envoltorio, que tu valía no se mide en centímetros, que eres mucho más que una talla y si necesitas un recordatorio, aquí estamos para dártelo.

Sal de tu zona de confort

Una chica por Instagram me hizo un comentario muy acertado. Me dijo... «¡Me encanta porque no tienes estilo! Te pones siempre algo diferente y se te ve muy cómoda con lo que llevas». Y tiene razón, lo que me pongo varía de un día a otro, puedo ponerme un chándal el lunes y una falda de lentejuelas el martes, en mi armario no hay reglas. Cuando voy a mi vestidor (en el que no hay ni una sola prenda que me haga sentir mal) elijo algo que me muera por ponerme ese día y con esa premisa monto el *look* entero. Me gusta la diversidad en todos los aspectos de la vida y soy piscis, así que lo que hoy me gusta mañana me parece aburrido. Esto quiere decir que intento combinar la ropa de forma diferente cada vez, así me veo distinta sin necesidad de comprar ropa constantemente.

Raquel hizo un *reel* que dice así… «La gente gorda no debería mostrar la barriga» y sale ella haciendo *crop top*, una camiseta para dejar un trozo de piel al aire. El rango de comentarios que suscitó fue de lo más variado, personas que decían que con un pantalón alto no estás mostrando barriga, comentarios sobre que nadie nos impuso normas, pero también había un montón de personas diciendo que se escondían siempre. La parte de mi cuerpo que menos me gusta siempre ha sido mi barriga. Me parece incómoda y poco estética, nunca me he planteado hacer nada drástico para cambiarla porque he hecho las paces con ella, pero a mí también me costaba mostrar mi barriga. Está bien si salir de tu zona de confort te cuesta, nos pasa a todas. Pero quizá podemos hacerlo con pequeños pasitos. Un día te pones un *crop top* para estar por casa, otro día vas al súper y lo llevas puesto, probablemente cuando hayas hecho salidas pequeñas con él y te des cuenta de que la gente no te mira más, que la vida sigue girando, te sentirás con ánimo de llevarlo durante más tiempo y con más confianza. Así hasta que un día piensas… «Tanto tiempo sin llevarlo y estaba todo en mi cabeza».

Probablemente tengas colores que no usas, tipos de prenda que no intentas probarte, miedo a llevar bikini en verano por lo que sea… Sobre todo reflexiona en aquello con lo que no te atreves, pero que te mueres por tener. Pueden ser unos *shorts* en verano por ejemplo, no es fácil decidir con qué quieres intentarlo, pero a base de trabajar en ello se hace más sencillo, lo mejor de todo es que cuando te decidas, vas a arrepentirte del tiempo que perdiste pensando en el qué dirán.

Os cuento, por ejemplo, que yo tenía una pelea con el color marrón, que no me veía muy bien con él, me gustan tanto todos los colores y amo tan fuerte la moda, que no estaba conforme con sentirme así con este color. Empecé con una cazadora de piel con flecos, que me gustaba tanto que no podía no tenerla, al principio me costó combinarla y verme bien con ella, pero las ganas de llevarla superaban las del color que tenía. Luego me atreví a comprar una falda *beige* y así hasta que he conseguido integrar todo el rango de colores desde el *beige* hasta el marrón chocolate en mi armario y, oye, estoy encantada. Tampoco creáis que esto ha sido cosa de un par de meses, hablo de años tratando de que el color me gustase. Cada proceso y cada persona tiene su tiempo y creo que definirlo es ponernos una presión innecesaria. Me costó horrores por ejemplo llevar bikini a la playa, primero bikinis altos que solo dejaban una franja de tronco a la vista, luego uno que tapaba un poco menos y desde hace cosa de tres años, que mi autoestima está en lo más alto, ya voy en tanga a la playa, que es lo que me nace, porque el culo moreno, a mí, como que me gusta. Mi consejo es que lo intentes, si no lo haces estás dejando que el miedo te gane la batalla. ¡La vida es para los valientes!

El truco para verte bien es sentirte bien

Esta es una de las cosas que más me ha costado aprender. Tu interior se traslada siempre a tu exterior, se nota, es una parte palpable de quién eres. Cuando nos llaman bravas por salir desnudas mostrando nuestro cuerpo, no estamos siendo bravas, es que de verdad nos vemos estupendas. Hemos llegado a un punto donde no tenemos conflicto con quienes somos a nivel interior y eso se conjuga con quienes somos a nivel físico.

Hay una frase que leí no hace mucho que dice: «Hay personas que hacen que las cosas sucedan, hay personas que ven las cosas suceder y hay personas que se preguntan qué hubiera pasado. Para tener éxito, tú tienes que ser una de esas personas que hace que las cosas sucedan». Es de Jim Lovell y creo firmemente en ello. Así que antes de enfrentarte al odioso momento de qué me pongo, te recomiendo que cojas el toro por los cuernos y trabajes en ti, en tu autoestima.

Mírate al espejo y haz algunas afirmaciones. Probablemente te sientas tonta las primeras diez veces, pero... repítelo hasta que te lo creas. Las afirmaciones dependen un poco de cada una, pero ataca a los puntos débiles y refuerza aquello que ya sientes que está en el punto correcto. Todas tenemos una mujer guerrera dentro, solo tenemos que sacarla.

— Soy fuerte
— Soy valiente
— Soy única
— Soy sexy
— Soy creativa
— Merezco cosas buenas
— Hoy voy a sonreír
— Soy preciosa
— Puedo ser lo que me dé la gana

Repite esto todos los días como un mantra, ponte lo que te dé la gana y disfruta de tu vida vestida como a ti te guste.

Es tu vida y tienes permiso para llenar tu armario de tus colores favoritos.

Una nueva forma de relacionarse y exponerse: Internet y tu vida *online*

Por Raquel

Sigue regándote. Estás creciendo.
E. Russell

Una historia de amor digital

Muchas de vosotras no lo sabréis, pero fui una de las primeras blogueras de España. Así que llevo más de 13 años dedicada a la vida *online*: tanto personal (la mayoría de mis amigos los he sacado de Internet) como profesionalmente (me dedico al *marketing* digital). Por eso este capítulo era obligado si íbamos a hablar de amor propio.

¿Os cuento cómo llega una a dedicarse a eso de Internet?

Pues veréis, mientras estudiaba en la universidad una carrera que, reconozco, había elegido más por labrarme un camino sencillo o exitoso que por ser algo que realmente me llenara, decidí crear un blog de moda. Y ese blog se convirtió en mi billete hacia la vida que siempre había soñado vivir. Porque a mí me fascinaba la moda y era mi profesión soñada (secretamente).

¿Por qué secretamente? Pues porque una vocecita en mi cabeza repetía: «¿Qué va a hacer una gorda en el mundo de la moda?». Ya sabéis: una de esas mentiras que nos contamos todas para no lanzarnos a intentar algo que puede salir bien. ¿Qué pasó? Que después formé parte de ella y comprendí que si bien no hay mucha gente fuera del estándar físico, sí que puedes ser gordo y dedicarte a la moda, incluso, algunos son gente muy importante dentro del sistema. O sea, que si lees esto pensando que no te puedes dedicar a la moda por ser gorda o bajita… NO ES VERDAD. Puedes hacer lo que te dé la gana siempre que le pongas cariño y mucho trabajo.

Primera lección aprendida gracias a Internet: puedes dedicarte a lo que te dé la gana si le pones ganas (o a casi todo, tampoco voy a convertirme en Antoñita la fantástica).

Así que en lugar de estudiar diseño o periodismo decidí sacarme dos carreras superprácticas: Derecho y Economía. Reconozco que ahora que lo veo con perspectiva no me parece tan mala idea porque son mi pequeño colchón salvavidas. Pero a lo que iba: como en el fondo yo sabía que mi futura profesión no iba a ser de abogada o economista, monté un blog de lo que más me fascinaba en la vida y así acabé siendo de las primeras blogueras acreditadas en la Pasarela Cibeles. Viajando a París a la semana de la moda y construyendo una carrera en *marketing* digital que me ha dado de comer durante todos estos años.

Creo que fue una de las mejores decisiones de mi vida. Dedicarme a Internet me cambió la vida y no lo cambiaría por nada. Por eso defiendo el medio digital por encima de todo, pero por la misma razón, considero que estas páginas que vas a leer son importantes. Como persona que lleva más de 13 años enredada en la red tengo algunas cosas que recomendarte para que tu vida digital no se convierta en un pequeño infierno o, al menos, para que tu vida *online* te aporte y no te reste.

En Instagram no es oro todo lo que reluce

Lo primero es interiorizar que todo lo que ves en las redes sociales NO es verdad. No es 100 % verdad, mejor dicho. Es una parte, una porción, la parte más bonita, normalmente, o, simplemente aquello que quieren que veas alineado con el *branding* personal de cada cual.

Creo que a todos, especialmente a los más jóvenes, nos vendría muy bien entender que en realidad nuestras realidades digitales son más un cómo querríamos que sea nuestra vida que cómo es realmente. Y sí, digo real porque el digital no lo es, porque la vida que vives *online* es tan fácilmente maquillable que, a veces, da hasta miedo.

Así que cada vez que vayas a cotillear la fantástica vida de esa *influencer* a la que sigues recuerda que no sabes absolutamente nada de su vida. Esto no quiere decir que tengas que dejar de seguir a la gente o no disfrutar de ese placer culpable del cotilleo, no, simplemente quiero que, a partir de ahora, cuando te conectes a las redes lo hagas siendo consciente de que «nada es verdad».

Deberías plantearte hoy mismo tu existencia digital

Y dicho esto, ahora me gustaría reflexionar sobre por qué deberías proteger tu vida real frente a la *online*. Porque aunque creas que eres inmune a esto que nos ocurre a los que vivimos del *online*, no es así y te lo voy a demostrar ahora mismo.

— ¿Alguna vez te has encontrado pensando «debería hacer más» cuando has estado chequeando las redes de esa *influencer* que es madre, tiene una empresa y hace yoga cada día?

— ¿Últimamente te informas de la vida de tus amigos más por su Instagram que por llamadas de teléfono?

— ¿Has cotilleado la cuenta de tu ex para ver si tiene nuevo amante?

— ¿Alguna vez has querido desconectar cinco minutos mirando Instagram y cuando te has dado cuenta había pasado media hora?

Me apuesto los dedos de una mano (qué confianza la mía) a que has respondido que sí al menos a 3 de las 4 preguntas. ¿Me equivoco? Y es que todos nos vemos influenciados por el mundo digital, desde mi punto de vista, por dos cuestiones:

1. Al tener acceso a la vida ajena nos comparamos constantemente con el otro.
2. Al exponer la vida propia sentimos, todo el rato, que no somos suficiente: la exposición nos hace sentir indefensos.

Y esta es la razón real por la que la gente se inventa una vida: así llegan al estándar, todo el mundo cree que tienen la mejor vida del mundo y no se sienten mal al compararse con los demás. ¿Ya te he convencido de que lo que pasa en redes sociales no es verdad?

Y es que, os voy a ser franca: yo siento que esto es un mero mecanismo de supervivencia y cuando se usa como tal es útil. Mucho.

Me explico: si tú te inventas un personaje que es parte de ti y parte de un ideal para ser tu avatar digital y eso te ayuda a no exponerte de más, a mí me parece bien. El problema viene cuando el personaje se come a la persona o cuando te expones de tal forma que no hay nada que te proteja del exterior.

El *influencer* herido

Os sorprenderíais de la cantidad de gente con tropecientos seguidores que conozco que están hechos trizas por dentro. Porque exponerse las 24 horas del día es algo agotador (y es un trabajo que, si lo piensas bien, no está bien pagado porque trabajan 24/7 sin vacaciones ni tiempo personal) y, además, el desgaste mental es tremendo porque los personajes son complejos de mantener a largo plazo.

Ya os hemos contado por redes la razón por la que no exponemos nuestras relaciones en el mundo *online*. No veis a nuestros amigos, novios, familia... y esto es una decisión meditada. Lo hacemos por varias razones:

— Ellos no tienen por qué verse expuestos porque nosotras expongamos nuestras vidas.
— La vida real debe ser protegida frente a la digital.

Y es que la vida *online*, si no tienes cuidado, se come tu vida real en un periquete. Y te encuentras destrozada porque el amor de tu vida te ha roto el corazón y teniendo que dar explicaciones a 30.000 personas que ni siquiera te conocen. ¿Entendéis ahora por qué casi todos los *influencers* que conozco van al psicólogo de forma habitual?

Porque sostener una vida digital en paralelo a tu vida real es muy complejo, porque si hay cosas que ya nos cuesta digerir a solas o en la intimidad de un grupo pequeño de gente de confianza, imagínate hacerlo públicamente.

Con esto lo que quiero decir es que te lo pienses antes de contar demasiadas cosas personales porque todo lo que se cuenta ya es un hecho público: la cara de tu bebé ya está *online*, esa relación que no sabes a dónde te llevará ya es conocida por todo el mundo, y la enfermedad de tu familiar ya es digital. Antes de darle al botón de publicar tendrías que reflexionar sobre si deseas o no gestionar eso de forma pública o es algo que mejor hacerlo en privado, como un favor personal que te haces a ti misma.

Y es que todo lo que subes a las redes sociales ya nunca se borrará

Y esto es algo que no todo el mundo ha interiorizado, pero es que cada una de las fotos que subes a Instagram es:

— Propiedad de Meta (antes llamado Facebook).
— Nunca podrás borrarla realmente de las redes.
   Aunque tú elimines ese archivo, esa foto no será
   borrada y podrás encontrarla por ahí en cualquier
   momento.

Y así es, amigas: aquello que expones nunca se borrará de Internet (bueno, hay una forma, que es contratando a una empresa especializada para que elimine tu presencia digital, pero cuesta mucho dinero y no siempre es 100 % efectivo) y ahora que lo sabes tendrías que pensarte dos veces si vas a subir esa imagen, ese vídeo o ese *tweet*.

Internet es maravilloso, pero también tiene su lado oscuro. Un lado en el que regalamos nuestra intimidad y nuestro tiempo a cambio de nada. Bueno, de un poco de ego, ¿verdad? ¡Que se fastidie mi ex, que yo tengo un nuevo novio! ¡Que las chicas de la oficina vean que tengo una casa de revista!

¿De verdad nos merece la pena?

¿De verdad, a cambio de que tu vida parezca mucho mejor que la del otro, vas a vender tu intimidad y te vas a exponer tanto? ¿Te merece la pena?

Raquel, que cachonda eres, ¡pero si tú eres *influencer*! ¡Si vosotras os exponéis *online*!

Totalmente acertada la reflexión: a mí Internet me ha cambiado la vida y me ha dado cosas preciosas, pero he tenido que aprender a defender con uñas y dientes mi vida real y sufro algunos hándicaps debido a mi profesión.

Lo bueno y lo malo de la vida *online*

Las cosas maravillosas que me ha dado el mundo digital:

— Una profesión que me encanta y fascina.
— La oportunidad de dedicarme a algo que me gustaba sin tener que pasar por otra carrera y un máster.
— La mayoría de mis mejores amigos y relaciones románticas (¡¡chicas, abriros un Tinder ya!!)
— @soycurvy y su capacidad de cambiar el mundo. Es la mejor forma de hacer activismo que podía haber encontrado.
— Conocimientos infinitos sobre mil temas.
— La posibilidad de ver más allá gracias a las experiencias que otros comparten en redes. Cuando tengo un mal día

YouTube siempre tiene a alguien que me enseña que hay solución.

— Grandes dosis de amor propio. Porque cuando compartes aquello que amas y que pensabas que nadie entendería y resulta que les fascina igual, es maravilloso.

Las cosas que me ha arrebatado el mundo digital:

— Tiempo a solas para reflexionar. Tengo que obligarme a no llevar el móvil cuando paseo a Tofu solo para tener ratos a solas.
— Mi intimidad en algunas ocasiones. Aunque es algo que gestiono bien, es muy difícil hacerlo cuando todo tu entorno es *early adopter* digital (*influencers* y personas dedicadas al mundo *online*).
— Mi amor propio, a ratos. Porque yo también me comparo con los demás, de vez en cuando.
— Mi capacidad de decidir por mí misma. Porque es imposible no verse influenciado por tendencias, movimientos estratégicos de los medios de comunicación…
— Mi paz mental. Porque estar conectada 24/7 te vuelve majara.

Yo, al releer esta lista, creo que lo que hay que tener claro es que nada es gratis en esta vida. Tienes que valorar lo bueno y minimizar lo malo.

Por ejemplo, mi profesión me encanta y se adapta totalmente a como soy: es muy creativa, nunca te estancas y aprendes sin parar sobre mil cosas, pero también me obliga a estar conectada, prácticamente, 24 horas los 7 días de la semana. Para que os hagáis una idea, las verdaderas vacaciones para mí pasan por no tener conexión a Internet.

Así que aquí tenéis la razón por la cual Lidia y yo hacemos un descanso en agosto para no vernos obligadas a publicar todos los días en verano. Porque o paramos, o nos volveríamos locas. En un ratito os cuento algunas otras de mis estrategias para gestionar el mundo digital con cordura, pero antes quiero hablar de algo que sé que os va a interesar más: LIGAR *ONLINE*.

¿Se puede encontrar el amor en la red? Tinder sorpresa

Yo creo que me hice una cuenta en Tinder (la primera red que di de alta para ligar aunque luego he utilizado alguna más) cuando casi nadie la tenía en este país. Como vivo en Madrid y además trabajo en el mundo digital no tuve ningún reparo: vamos a probar a ver qué pasa. Reconozco que el Tinder que yo viví esos años era mucho mejor que el que se vive hoy en día: había menos gente y estaba algo más alineada conmigo que lo que te puedes encontrar ahora.

Básicamente, lo que te quiero contar aquí es que: en Tinder (u otra *app*) puedes encontrar el amor, la lujuria o lo que vayas buscando igual que en la vida 1.0, porque no es nada más que una herramienta más.

Pero claro, debemos tratarla desde ese filtro del avatar digital, de la vida inventada, porque, querida, si esperas que las biografías de todo perfil en esas redes sean reales, te vas a llevar muchos chascos.

Cosas raras que he vivido en mis citas *online*:

— Un tipo me envió un mail declarándome su amor verdadero (y sincero espero) porque me encontró en Instagram. Obviamente, le respondí que no me conocía y que daba miedo esto de no haber hecho *match* e insistir vía mail.

— Otro se hizo pasar por quien no era y cuando la cosa me empezó a mosquear, busqué su foto en Google Imágenes (para los que no lo sepáis, en Google se puede subir cualquier imagen y te dice dónde fue subida). Descubrí que había subido fotos de un ACTOR PORNO... Anda que no tengo buen gusto.

— Alguno que otro no se parecía al de la foto.

— Y con algún que otro tuve que ser muy muy borde porque sus intereses y los míos no coincidían en nada.

Pero, a pesar de estas historias, no puedo más que recomendar que apostéis por usar las *apps* como una forma más de conocer gente. Porque he conocido gente maravillosa, muy alejada de mis círculos sociales, a las que sin la *app* no habría tenía acceso y que me han aportado y me aportan muchísimo.

Ahora, si os tuviera que contar aquello que recomiendo a mis amigas como usuaria experta al usar la *app* sería:

— Que subas fotos donde se te vea tal cual eres. Con esto quiero decir: gorda, flaca, una persona a la que le gusta arreglarse, a la que no... pero que cuando lo vean sepan que te vas a encontrar.

— Que elijas fotos donde se te vea bien. Que una cosa es no mentir y otra no sacarse partido alguno.

— Que lo de ligar es un juego. Tómatelo como tal y no le des más importancia de la que tiene.

— Que charles lo suficiente como para saber si te llevarás bien o mal con alguien. Yo siempre he apostado por una buena cita: pasará lo que tenga que pasar, pero esta va a ser una buena cita.

— Que seas amable y si alguien no te gusta, simplemente dilo. No nos gusta que nos den falsas esperanzas ni que desaparezcan, así que no lo hagas tú.

— Y que no olvides que estás quedando con un desconocido: siempre en un lugar público y mejor si es un sitio donde alguien te conoce. Puede ser siempre el mismo bar o la misma zona donde te sientas segura.

Pues eso, que las citas *online* son iguales que las del mundo 1.0, pero con sus cosas de un nuevo mundo digital al que todos nos estamos adaptando todavía. Sobrevivimos como podemos y todos, en el fondo, intentamos escapar de las garras de la adicción *online*.

Porque las *apps* de ligue también enganchan, cuidado, úsalas con moderación; entiendo que esas 10 conversaciones que mantienes a la vez no son realidad hasta que se conviertan en unas cañas cara a cara.

No sé si encontrarás el amor de tu vida, pero bien, te lo aseguro, te lo vas a pasar un rato.

Vamos a acabar todos chalados y adictos

Y es que, amigas, o controlamos un poco todo esto o vamos a acabar todos chalados y adictos. Porque otra de las cosas que tenemos que grabarnos a fuego es que todas las redes sociales están diseñadas para que no puedas escapar de ellas.

¿Te has preguntado alguna vez de dónde sacan esos miles de millones que han ganado con una *app* de uso, supuestamente, gratuito? Pues básicamente lo que les interesa no son tus fotos, tus conversaciones o lo que tienes que contar: lo que quieren es tu tiempo y tus datos para poder estudiar cómo te comportas y así anunciarte un montón de cosas que vas a comprar.

Así que cuando sientes que Google o Meta te han escuchado, no estás paranoica: lo han hecho, porque rastrean tus conversaciones, acciones y todo lo que realizas mientras estás conectada u *online*. Esa es la razón por la que todo es cada vez más adictivo: cuando más adicta eres, ellos más consiguen de ti.

Pero que nadie se alarme: hay solución para esta adicción. Pasa por, básicamente, entender que la herramienta tiene que ser útil para ti y no tú para ella. Pasa por decidir que la utilizarás cuando tú quieras y no a todas horas, como ellos esperan.

Por eso, como persona que tiene que estar, más o menos, conectada las 24 horas, aquí algunos de mis *tips* de minimalismo digital que a mí me funcionan:

— Ordené a mi iPhone que me avise cuando he
   empleado más de x horas en una *app*. Decidí cuánto
   era lo suficiente y cuando paso de estas horas me avisa
   para que deje de usarla.

— A las 10 de la noche todo se pone en modo inactividad. Esto quiere decir que cuando quiero usar una *app* tengo que activarla, así tengo tiempo para reflexionar si lo hago porque quiero o por el enganche. La mayoría de las veces paso y no la abro.

— El rúter se apaga en casa por la noche y el móvil se pone en modo avión.

— Cuando salgo a pasear a Tofu nunca llevo el móvil.

— Últimamente tampoco saco el móvil si me voy a cenar, porque a las 9 de la noche ya no suele pasar nada que requiera estar al tanto. ¡Restaurantes del mundo, volved a la carta física porque no tengo lector de QR!

— Programo el contenido y lo genero por tandas. Por ejemplo: cuando toca grabar vídeos, pues grabo cinco y luego los voy distribuyendo. El contenido puede ser menos fresco, pero la organización en la gestión de redes sociales es clave.

— No me creo lo que mis amigos suben a redes. Les pregunto por mensaje o les llamo (menos de lo que debería) para que me cuenten cómo van, porque muchas veces les ves *happy* de la vida y están hechos mierda. ¡Llama más a tus amigos!

— Intento hacer días de no Internet de vez en cuando; como no puedo desconectar al 100 %, pongo alarmas para revisar las redes, pero el resto del tiempo MODO AVIÓN. En serio, el modo avión es tu superamigo.

Pero vamos, que debido a mi profesión yo sé que soy mucho más adicta de lo que sería si me hubiera convertido en la juez que mi madre quería que fuera... Poco a poco voy aprendiendo a relacionarme con el mundo digital de una forma más sana.

Con este capítulo no pretendemos que cojáis miedo y dejéis de usar las redes —¡sin ellas no habríamos construido nuestra maravillosa comunidad con la que cambiar el mundo!—, sino que paséis a utilizarlas con cabeza.

Llevamos demasiados años enredadas en esto de Internet como para saber que el amor propio también pasa por apagar el móvil o poner el modo avión; por decidir por ti misma qué públicas y qué no, qué es tu intimidad y cuándo y cómo cuentas las cosas y, más importante aún, a quién.

No os dejéis llevar por el compararse con otro, por pensar que nuestras vidas son perfectas (bueno, ahora que os he confesado que soy una adicta, ya no creeréis que lo soy) y que no sois suficiente. La vida *online* no es 100 % real y, con interiorizar esto, mucha de la presión que nos genera desaparece.

Vive una vida *online* elegida, divertida, emplea las *apps* y las herramientas, pero no permitas que ellas te usen a ti.

Has venido a esta vida a divertirte, no a ser un zombi digital.

No eres tu pasado, sé amable contigo misma. Tía, tú molas

Por Lidia

Realmente tienes que amarte a ti mismo para hacer cualquier cosa en este mundo.
Lucille Ball

Dejar atrás el pasado

A menudo siento que el apego al pasado es una de las cosas que nos arrastra, que nos pesa y que hace que salir adelante sea un poco más tortuoso de lo necesario. En ambas direcciones, es decir, cuando estás mal en el presente y usas esos recuerdos de un momento feliz para reforzar lo mal que estás ahora. Y cuando utilizas esos momentos para compararlos con el presente. En cualquier caso, de lo que me he dado cuenta es de que los recuerdos, momentos y experiencias pasadas te han hecho ser quien eres hoy en la actualidad. Tratarlos con amor y nostalgia está bien, siempre y cuando no te esclavicen. Es importante ser consciente de cómo empleas ese pasado en tu actualidad. Ahora os voy a contar algunas cosas que hago para no empezar el sendero por mis memorias y ponerme nostálgica cada vez que las cosas no salen como yo quiero que salgan.

159

Lo primero es tratarme bien y ser paciente. Es decir, que por mucho que yo te ofrezca cuatro indicadores o ejercicios que a mí me funcionan, lo primordial es que seas paciente contigo misma. Machacarse porque algo no sale como queremos no solo mina nuestra autoestima, sino que hace que esa negatividad que sentimos se expanda a todos los ámbitos, incluso el que deseamos cambiar, con fuerza. Así que mi primer consejo es que seas paciente, los cambios son progresivos, nunca suceden de un día para otro. Confía en ti misma y en tu proceso de autoestima y, sobre todo, créete que eres capaz de hacer todo aquello que te propongas.

Piensa qué es eso negativo que te dices siempre; en mi caso a menudo era un NO PUEDO que se lo llevaba todo por delante. Cualquier meta que me propusiera tenía siempre sombreando ese «No voy a ser capaz de...». Ese pensamiento se convierte en muchos más, si lo piensas bien te darás cuenta de que te lleva a decirte a ti misma una serie de excusas que te sirven para dejar a la espera ese cambio que al principio estabas segura de que querías para ti.

Te diré que para mí es vital visualizar siempre aquello que quiero, da igual los motivos por los que quiera alcanzar esa meta. Necesito tener presente cuál es mi meta y dividirla en tareas que me parecen asequibles. Por ejemplo, quiero irme a vivir sola, pero no quiero renunciar a viajar ni sufrir por llegar a fin de mes. Esto me lleva al siguiente planteamiento que es: me gustaría tener un mejor sueldo y más ahorros que me permitan vivir sola sin ir justa. Mi meta es VIVIR SOLA y mis tareas pequeñas serían conseguir la forma de ganar más dinero y ahorrar más. Este enfoque hace que mi energía se centre en el presente y en alcanzar mi objetivo, y de esa manera no pienso en el pasado ni en el futuro. Tampoco me pongo un marco temporal para alcanzar mis objetivos porque eso me causa ansiedad, hace que me obsesione y no es sano para mí. Aunque debo decir que hay personas que únicamente funcionan si tienen un marco temporal para cumplir aquello que se han propuesto. Así que, otra vez, cada persona es un mundo; elige la fórmula que mejor se adapte a ti.

Tú decides tu vida

Hay un punto en nuestro camino en que nos damos cuenta de que nos hemos dejado arrastrar tanto por las opiniones y caminos de los demás que nos sentimos algo perdidos, como si hubiéramos salido de la lavadora después de un centrifugado y nos diéramos de frente con la realidad. Este tipo de revelación, mal que me pese, me sucedía en el pasado cuando terminaba una relación que había sido fundamental para mí. Tan valiosa como para ser el centro de atención de mi vida. No hablo solo de relaciones amorosas, también me ha sucedido con algunas amistades. El caso es que ese punto donde no sabes quién eres ni hacia dónde vas me parece una oportunidad increíble para redescubrirte. Porque aunque no somos conscientes, nos cuesta muchísimo desprendernos de todas las ideas, ilusiones, expectativas que tenemos sobre nosotras mismas y empezar de cero. La realidad es que en esta vida, la tuya, TÚ DECIDES.

Distánciate de tu pasado e incluso de esas personas que te tienen anclada a algo con lo que ya no estás conforme. Aprendí hace mucho que para mí no hay medias tintas. Cuando alguien no me aporta me aparto, intento pasar menos tiempo con esa persona, ver cómo me siento con esa distancia, si me siento mejor... Esa suele ser mi respuesta. Distancia hasta que orgánicamente sale de mi vida.

Y es que hay personas que están de paso, llegan a tu vida, durante un tiempo vibras en la misma frecuencia y luego, simplemente, dejas de hacerlo. No pasa nada, no eres mala persona por no ser fiel, está bien cambiar de amistades; como seres humanos estamos en constante evolución y es imposible que necesitemos siempre lo mismo. Así que es lógico pensar que no siempre nos convendrán las mismas personas. Date permiso para DECIDIR qué quieres a tu alrededor, sé un poco egoísta, nadie va a vivir tu vida por ti. Toma las riendas de tu camino y hazte consciente de que nadie tiene derecho a decidir por ti más que tú misma. Siempre utilizo la misma técnica, hacerme muchas preguntas, reflexionar sobre ellas de la forma más honesta, entender cómo me siento.

¿Esta idea sobre lo que quiero es mía o alguien la ha puesto ahí? ¿Vivo según mis expectativas o para los que me rodean? ¿Soy feliz cuando veo a esta persona? ¿Por qué me siento culpable por distanciarme? ¿Por qué no decir que no? ¿Esto me hace feliz?

El autoconocimiento es poder, chicas, al principio te haces muchas preguntas y te cuesta un mundo, pero con el tiempo asocias cuáles son tus ideas y que otras forman parte del campo de las expectativas que tienen nuestra familia, amigos y hasta la sociedad.

Puedes empezar de cero siempre que quieras

Soy una firme creyente de esta frase, de verdad, me la creo a ciegas. ¿No sentís a veces que con la edad que tenéis habéis vivido mil vidas? Para mí es un sentimiento maravilloso y a veces abrumador también. Si lo pienso he estudiado en cinco lugares distintos, vivido en dos ciudades, he tenido cuatro o cinco novios, he viajado a varios países distintos y he tenido trabajos tan distintos que probablemente os sorprendería si os contase un poco más. Lo que quiero decir es que no hay un momento adecuado para reinventarse; cualquier momento o tiempo de tu vida es bueno. Eso sí, tienes que estar comprometida contigo misma porque desprendernos nos cuesta muchísimo, así que tienes que estar empeñada y creer que puedes hacerlo.

Te dejo aquí algunos pensamientos o preguntas que pueden ayudarte en el proceso de empezar de cero o definir con qué cosas estás conforme y cuáles quieres cambiar. Por ejemplo: si tu carrera te satisface o preferirías dar un cambio radical porque ya no te hace feliz; los roles que desempeñas en tu vida como el de madre, hija, amiga, empleada, cuidadora... ¿te aportan alegría? ¿Los cambiarías? ¿Qué asuntos son realmente importantes para ti?

Es fundamental acotar cómo estás en todos los aspectos de tu vida y decidir con cuáles no estás a gusto para definir qué quieres cambiar.

Piensa que probablemente tus valores, prioridades y necesidades no sean los mismos a los veinte que a los cincuenta, pero eso es genial, no significa que tengas que vivir anclada a los valores o los principios que te importaban hace veinte años. Solo tienes que definir lo que te importa hoy, en este momento. Una pregunta clave que dice mucho de quién somos es, por ejemplo: ¿cuándo te sientes más tú misma? ¿En qué situaciones te sientes auténtica? ¿Con quién estabas en esos momentos? ¿Qué sentimientos te produce? Y lo mismo para las situaciones o cosas que te hacen sentir mal. Hacerte estas preguntas te dará una idea de por dónde quieres encauzar tu nuevo camino.

Reinventarte está en tu mano

Si lo reflexionas detenidamente te darás cuenta de que puedes hacerlo en cualquier ámbito de tu vida. Por ejemplo, si no te gusta del todo el estilo que tienes al vestir, cómo te ves en el espejo y quieres verte distinta, probar cosas es la clave para encontrar lo que funciona contigo en ese momento. Lo mejor es no tener ninguna expectativa, dejar que fluya.

Es decir, si no me gustase mi forma de vestir, como os comenté en el capítulo de la moda, empezaría por comprar algunas prendas distintas y ver cómo me siento con ellas. Hacer pequeños cambios que vayan hacia un punto que te haga sentir bien contigo misma. Cortarnos el pelo es algo que hacemos a menudo y que significa muchas veces un punto y aparte. Como que soltamos nuestra melena y de alguna manera nos convertimos en otra persona, nos vemos distintas, ni mejor ni peor, diferentes. Esa sensación que te baña cuando sales de la peluquería sintiéndote increíble es la misma que tienes que buscar cuando quieres redescubrirte. Y aunque te parezca complejo, está en tus manos. Trazar un plan o marcar algunos objetivos puede que te ayude a definir de manera más clara qué aspectos de tu vida quieres cambiar.

Acepta que los cambios dan miedo, porque nos hacen salir de nuestra zona de confort, que no sabemos predecir el futuro y adivinar si estamos tomando la decisión adecuada… Pero siente también que haciendo lo mismo es imposible que consigas resultados diferentes. Y date el tiempo que necesites, respeta tus pausas, mímate, «refuerzo positivo» lo llaman. Resalta lo que te hace bien para que lo malo no brille por su ausencia sino que se atenúe. Las frases de refuerzo positivo a mí me suelen hacer reír porque me veo ridícula recitándomelas frente al espejo, pero abrazo ese momento porque aunque se sale de mi zona, me saca una sonrisa. Me ayuda también tener un plan B, ya os he dicho que las listas son imprescindibles para mí.

Dicen que cuando inviertes o emprendes un negocio tienes que invertir una cantidad con la que te sientas cómoda si al final la pierdes. Pienso que reinventarse es un poco lo mismo, apostar por un proyecto nuevo, quizá sea cambiar de carrera, estudiar algo, mudarte de país o irte a dar la vuelta al mundo. Tener un plan B sobre las cosas que puedo controlar me ayuda a estar más en calma. Así que si te pareces un poco a mí, eres una cagada, amas tus rutinas y te cuestan los cambios aunque sabes que luego terminas por amarlos, ármate un plan B y no dejes que los miedos frenen tu crecimiento o te impidan alcanzar tus sueños. Se hace difícil explicar cómo podéis hacer para montar ese plan alternativo, de entrada lo que hago es fijar una meta y dos posibles caminos que me lleven al mismo punto final. De forma que si algo no me sale del todo como yo quiero, tengo ahí una red de seguridad que yo misma he puesto. Así la situación me da menos vértigo, me siento más segura y con menos ansiedad al cambio.

No olvides vivir en el presente, en realidad ni el pasado ni el futuro existen

Igual de importante que dejar atrás el pasado es no centrar tu vida en un futuro que para todos es incierto. Si algo me ha enseñado la pandemia es a apreciar las pequeñas cosas que nos aportan alegría. Identifica aquello que te da alegría y trata de buscar tiempo para disfrutar de eso tan a menudo como puedas.

Acepta que nadie tiene todas las respuestas. Es imposible controlar tu presente... imagina controlar tu futuro. Aprende a enfocar tu energía en esos procesos que te hacen sentir alegre y que te llevan hacia el objetivo que tienes en mente.

Escucha a tu cuerpo y lo que te pide en cada momento. Ya hemos hablado sobre conectar con tu cuerpo, de lo crucial de identificar esas señales que nuestro cuerpo nos manda. Si te cuesta identificarlas trata de crear minirrutinas que no te hagan esclava, pero que cuiden de él.

Reduce las distracciones. Para escribir el libro yo suelo poner el móvil en modo avión y quitar Internet para evitar tentaciones. Pongo música que me ayuda a estar concentrada y enciendo una vela que huele de maravilla. De verdad, chicas, las pequeñas cosas de la vida marcan siempre la diferencia. Pero no penséis que no somos iguales, a veces tengo que reñirme porque se me da genial procrastinar. Aun así es cierto que disfruto más de todo si estoy presente.

Siente tanto las emociones positivas como las negativas. No las reprimas, deja que afloren, son un indicativo de cómo estás.

Eres la dueña de tu destino

Estamos casi al final de este libro así que de verdad espero que todas las herramientas y temas sobre los que hemos hablado te hayan llevado a emprender tu camino hacia el amor propio. Tengo la certeza de que, aunque no vas a resolver todos tus problemas de autoestima con este libro, te vas a sentir acompaña en tu camino: tenemos una comunidad maravillosa con la que interactuamos a diario, no estás sola, puedes encontrarnos en Instagram siempre que necesites un recordatorio. La única diferencia entre tú y yo es que no hay dos caminos iguales, así que probablemente estemos en distintos puntos de nuestro viaje. Quiero que entiendas que no todos los días de este camino van a ser buenos, pero que el camino se hace más ameno según más recorrido llevas. Me gustaría que entendieses que el cambio es posible y necesario y que, aunque es difícil, también es gratificante.

Eres la responsable de lo que pasa en tu vida, coge las riendas de lo que puedes controlar y cámbialo a tu antojo para que te lleve a conseguir esas metas que quieres alcanzar. No te ajustes a algo que no te satisface, no te conformes, no te asustes, ser ambiciosa no es malo, es natural. Mereces conseguir todo aquello que te propongas. Tú molas, de verdad, tía, tú molas. Si te miras dentro, si te examinas, hay un millón de cosas que ya son increíbles. Solo te falta limpiarte las gafas para verlo.

Tía, tú molas

Al inicio de mis pasitos en el mundo de la moda en Barcelona, todo me parecía fascinante. La primera vez que me invitaron a un evento conocí a algunas personas del «mundillo» y todos me parecían cautivadores. Como cuando pones a un ídolo en un pedestal, lo conoces y te das cuenta de que sí, que le admiras, pero que al fin y al cabo es una persona como tú. Me pasó un poco esto con el mundo de la moda y la gente que lo rodeaba. Sentía que todos molaban tanto, tenían mucho estilo, dinero para vestir increíble y me daba la sensación de que se pasaban el día de fiesta en fiesta. Para que tengáis un poco más de contexto estaría entre los veinte o veinticinco años. Venía de un pueblo donde ir a la moda era vestir pantalones acampanados *Samblancat* y enseñar el tanga. Nadie entendía la moda como un arte ni como forma de expresión y las diferencias no se premiaban, se castigaban. Así que cuando me vi allí con esa gente tan *hipster* tan bien vestida, con *looks* superlocos y siempre pasándolo bien, sentí que yo no pintaba nada allí. Que no molaba nada. Vaya error por mi parte, tardé muchísimo en sentirme identificada con quién era en aquel mundo tan loco, pero me fui dando cuenta que, como cuando vemos los *stories* en Instagram, la vida no son cuatro fragmentos. Esa es la fachada que le enseñamos al mundo, lo que queremos que la gente perciba, la realidad es mucho más amplia y más compleja. Poco a poco empecé a sentirme cómoda con quien era independiente-mente de la opinión de los demás o de la gente que me rodeaba. No fue fácil, me ha costado muchos años creerme que molo, no por mi ropa, ni por estar gorda y sentirme bien con ello, ni por mis tatuajes, ni por las amistades que tengo, ni por mis proyectos. Yo soy un poco de todo eso, sí, pero lo que mola es que me quie-ro en esencia, estoy feliz con quien soy en cada momento: cuan-do me creo la persona más molona del mundo y cuando llevo dos días escribiendo sin parar, en pijama y sin ducharme. Mi amor por mí misma es constante y espero de verdad que al fin del libro, si no lo has conseguido, te lo pongas como tarea.

Porque repito, tú ya molas.

**Ahora, en este momento, sin pensar
en quién eras ni en quién serás.**

**Ya eres la bomba,
solo me falta decirte
que te lo creas.**

Despedida
y agradecimiento

Cómo dice Rupaul, nuestra *drag queen* favorita:

> *«If you don't love yourself, how in the hell you gonna love somebody else? Can I get an amen up in here?»*.
> (Si no te amas a ti mismo, ¿cómo vas a querer a nadie más? ¡Dame un amén!).

Nosotras gritamos: «¡Amén!» bien alto porque esperamos que termines de leer estas líneas con toda la energía que necesitas para empezar un nuevo camino lleno de amor propio.

Gracias por elegirnos y gracias por llegar hasta aquí.

Si te apetece saber más, sobre nosotras y sobre nuestro proyecto, te animamos a seguirnos en Instagram @soycurvy y, por favor, si sientes que este libro te ha sido útil, ayúdanos a compartirlo con el mundo compartiendo fotos, reflexiones o cualquier cosa que te apetezca.

Te esperamos al otro lado de nuestros DM o nuestro mail (soycurvy@gmail.com) para conversar sobre cualquier tema que sea de tu interés.

Mil gracias por ser valiente y apuntarte a esta pequeña revolución, juntas transformaremos el mundo.

Agradecimientos de Lidia

Gracias a Raquel por haberme incluido en el proyecto de Soycurvy, que me ha traído experiencias y reflexiones maravillosas; todavía alucino con cómo evoluciona y cambia el proyecto a la vez que lo hacemos nosotras. A mi familia y seres queridos, que me habéis aguantado durante estos meses y que hacéis que mi vida sea mejor por estar en ella; prefiero no decir nombres, que seguro que me dejo a alguien.

Este proyecto me daba mucho miedo porque ninguna de las dos somos escritoras, pero es cierto que siento que tenemos mucho que decir. Me hubiera encantado leer esto a los quince, cuando me sentía tan perdida, así que no puedo más que dar las gracias por la oportunidad de escribir junto a Raquel, en este libro, un poco de lo que hubiese necesitado entonces.

A vosotras que formáis parte de la comunidad que hemos creado en @soycurvy, gracias porque nos nutrimos unas a otras y juntas somos más fuertes.

Agradecimientos de Raquel

Este libro y todos los proyectos que llevo a cabo son posibles gracias a todos los que me apoyáis y queréis sin condiciones en el día a día: mi familia y todos mis seres más queridos. Sin vosotros sería muchísimo más difícil saberme capaz de todo.

Gracias a la comunidad y todas las personas que colaboran a través de las redes sociales en @soycurvy, me hace muy feliz saber que juntas estamos cambiando las reglas del juego. Especialmente gracias a Mercedes y Ana por haber confiado en el proyecto antes que nadie, sin vosotras tal vez no habríamos llegado hasta aquí.

Y, por último, quiero dar las gracias a todos aquellos que no me han tratado bien en esta vida porque sin vosotros no sería quien soy. Me enseñasteis grandes lecciones, aunque a veces me costase verlo. Este libro es consecuencia de todo lo bueno, pero también de todo lo malo que he pasado y me alegra haber sido capaz de digerirlo y convertirlo en algo que puede ayudar a otros.

Anexo

Nuestra lista secreta de recursos

Esta es una lista de algunos profesionales en los que confiamos —para que puedas empezar a buscar ayuda si crees que la necesitas—, compañeras activistas y varias de las lecturas que nos han cambiado la vida. Esperamos que te sean de ayuda.

■ Profesionales

@beatrizbuelta
NUTRICIONISTA

@dra_cecilia_tojo
MÉDICO DEL EQUIPO DE
    ENDROCRINOLOGÍA DE RUBER
    INTERNACIONAL Y ESPECIALISTA EN
    MICROBIOTA

@raquelbaron
NUTRICIONISTA

@nutritonisthenewblack
NUTRICIONISTA

@MIDIETACOJEA
NUTRICIONISTA

@somosestupendas
TERAPIA PSICOLÓGICA

@somoshaes
ASOCIACIÓN DE PROFESIONALES CON
    ENFOQUE DE SALUD PARA TODAS
    LAS TALLAS

@gemmasancho
NUTRICIÓN

@desnudatuautoestima
TERAPIA PSICOLÓGICA

@luisdesansimon
TERAPIA PSICOLÓGICA

@robsemueve
ESPECIALISTA EN MOVIMIENTO

@mireiahurtado_mindful_
    eating

◼ Lecturas

Bishop, G.J, *Unfuck yourself*, Teach Yourself Books, 2017.

Brown, B., *El poder de ser vulnerable*, Urano, 2016.

Cameron, J. *El camino del artista: un curso de descubrimiento y rescate de tu propia creatividad*, Aguilar, 2018.

Chozen, J., *Comer atentos*, Kairós, 2018.

Clear, J. *Hábitos atómicos: cambios pequeños, resultados extraordinarios*, Planeta, 2020.

Convers, A., *A todas nos pasa*, Planeta Colombia, 2020.

Crabbe, M. J., *Body positive power*, Ebury Digital.

Dyer, W., *Tus zonas erróneas: guía para combatir las causas de la infelicidad*, Debolsillo, 2021.

Epicteto, *El arte de ser libre*, Koan Ediciones, 2021.

Manson, M., *El sutil arte de que (casi todo) te importe una mierda*, Harper Collins, 2018.

Pretty and Olé, *Tengo un cuerpo serrano: sé feliz en cada talla*, Anaya Multimedia, 2020.

Sánchez, R., *Camina, salta, baila: Muévete más y vive mejor*, Plataforma Editorial, 2019.

Taylor, S. R., *El cuerpo no es una disculpa*, Melusina, 2019.

Tolle, E., *El poder del ahora: una guía para la iluminación espiritual*, Gaia, 2007.

Tovar, V., *Tienes derecho a permanecer gorda*, Melusina, 2018.

Wolf, N., *El mito de la belleza*, Continta me tienes, 2020.